AMRA

LEE HARRIS
mit Dianna Edwards

ERWECKE deine multidimensionale SEELE

Gechannelte Botschaften

»Jedem zu empfehlen, der in diesen bewegenden Zeiten spirituellen Rat sucht.«
Colette Baron-Reid

Aus dem Amerikanischen von
Thomas Görden

AMRA

Besuchen Sie unseren Shop:
www.AmraVerlag.de

Ihre 80-Minuten-Gratis-CD erwartet Sie.
Unser Geschenk an Sie … einfach anfordern!

Amerikanische Originalausgabe:
Conversations with the Z's. Book Two.
Awaken Your Multidimensional Soul

Deutscher Erstdruck im AMRA Verlag
Hotline: + 49 (0) 61 81 – 18 93 92
Kontakt: Info@AmraVerlag.de

Herausgeber & Lektor	Michael Nagula
Einbandgestaltung	Guter Punkt
Layout & Satz	Birgit Letsch
Autorenfoto	Tanya Malott
Druck	CPI books GmbH

ISBN 978-3-95447-696-1 (Buch)
ISBN 978-3-95447-697-8 (eBook)

Gechannelte Buchreihen mit ähnlicher Thematik:
Eva Marquez – Heilungscode der Plejader (3 Bände)
Patricia Cori – Lichtbotschaften vom Sirius (3 Bände)
Pavlina Klemm – Heilsymbole & Zahlenreihen (2 Bände)
Pavlina Klemm – Lichtbotschaften von den Plejaden (9 Bände)

Inhalt

Vorwort

von Lee Harris

»Ihr existiert alle in der Vergangenheit, der Gegenwart und der Zukunft gleichzeitig. Genießt daher so intensiv wie möglich die Erfahrung, jetzt lebendig zu sein. Sagt den Leuten das, von dem ihr glaubt, dass ihr es ihnen sagen solltet. Zeigt ihnen das, von dem ihr glaubt, dass es ihnen gezeigt werden sollte. Lebt auf eine Art und Weise, die euch möglichst viel Erleuchtung schenkt.« – *Die Gruppe Zachary*

Willkommen zu einer spannenden und einzigartigen Reise. Bei *Erwecke deine multidimensionale Seele* handelt es sich um Gespräche mit einer Gruppe von achtundachtzig Wesen aus der neunten Dimension, die ich channele, seit sie 1999 zum ersten Mal mit mir Kontakt aufnahmen. Sie wurden durch meine gute Freundin, die Psychotherapeutin Dianna Edwards, befragt, die somit die Rolle der Interviewerin übernahm. Mehr Informationen über den Ursprung dieser Gesprächsreihe finden Sie im ersten Band, *Die Energetik der neuen menschlichen Seele*.

Als die Gespräche einmal in Gang waren, zeigte sich schnell, dass die Gruppe uns durch ihren Sprecher Zachary eine Menge mitzuteilen hatte, und Dianna erwies sich als perfekte Partnerin, denn sie stellte genau die richtigen Fragen.

Das einleitende Zitat ist ein kleines Beispiel für die lebensbejahenden Erkenntnisse, die auf diesen Seiten geteilt werden. Der Zweck des Ganzen besteht darin, uns in die Lage zu versetzen, Energie fließen zu lassen und uns selbst auszudehnen – damit die multidimensionale Seele in uns erwachen kann. Dianna und die Gruppe der Achtundachtzig mit ihrem Sprecher Zachary decken dabei ein weites spirituelles Territorium ab. Sie weisen uns den Weg und zeigen uns, wie wir sicher durch diese »nervenaufreibenden Zeiten« navigieren können, in denen wir uns auf dem Planeten Erde aktuell befinden.

Zu den Themen, die in diesem Buch behandelt werden, gehören unter anderem: die Evolution der Menschheit hin zu höheren Schwingungsebenen; unsere Verbindung zu Führern und Engel und wie wir diese Verbundenheit stärken können; die Natur von Vorahnungen, der Umgang mit unserer Intuition, mediale Botschaften, Exit Points, die zur Zeit stattfindende Umgestaltung des Universums und noch vieles mehr.

Die Gruppe rund um Zachary gibt uns jede Menge praktische Ratschläge, zum Beispiel wie wir uns von Schuldgefühlen und Selbstvorwürfen befreien können, wie Belastungen aus früheren Leben aufgelöst werden, wie wir es schaffen, uns nicht länger von den in den sozialen Medien üblichen ständigen Vergleichen beirren zu lassen und wie wir unsere Herzenergie stärken können. Sie bezeichnet unsere Herzenergie als »die wichtigste, reichste und schöpferischste Energie auf der Erde«.

Natürlich können so tiefgehende Themen eine Menge Reaktionen in uns auslösen. Aus meiner langjährigen Erfahrung bei der Leitung von Kursen, Workshops und der Durchführung zahlreicher Online-Events weiß ich, dass unser Nervensystem oft eine sanfte Kalibrierung und etwas Zeit erfordert, damit es neue Informationen überhaupt aufnehmen kann, besonders wenn solche Informationen das Potenzial haben, unsere existierenden Glaubenssysteme in Frage zu stellen. Nehmen wir uns aber diese Zeit und geben wir uns den Raum, die Informationen zu verdauen und zu integrieren, dann steigert das unsere Wachstumschancen exponenziell, und es können sich wunderbare Quantensprünge ergeben. Die Gespräche im vorliegenden Buch bieten uns die Gelegenheit, all das und noch mehr zu tun – wenn Sie, die Leserinnen und Leser, dies wünschen.

Mir ist sehr daran gelegen, stets darauf hinzuweisen, dass es ganz allein Ihre Entscheidung ist, was Sie sich von der Arbeit mit Zacharys Gruppe zu eigen machen. Nutzen Sie das vorliegende Buch, um diese Gespräche in ihrem eigenen Rhythmus zu lesen. Lassen Sie die Worte auf sich wirken, sinnen Sie in Ruhe darüber nach und fragen Sie sich: »Wie fühlen sich diese Informationen in meinem Körper an?«

Wenn es im Text Stellen gibt, mit denen Sie sich schwertun oder die Ihnen Angst bereiten, empfehle ich, dass Sie eine Pause einlegen und, besser noch, sich Notizen zu der Stelle machen, die Sie als problematisch empfinden. Markieren Sie die Textstelle und fragen Sie sich: »Welche Reaktionen lösen diese Informationen denn genau in mir aus – welche Gedanken, Gefühle oder Impulse?« Notieren Sie die Antwort rasch ohne nachzudenken und reflektieren Sie, was dazu in Ihnen aufsteigt.

Manchmal beschert uns gerade diese bewusste Selbstwahrnehmung den Durchbruch, den wir gerade brauchen. Wenn uns dabei auffällt, dass ein bestimmtes Thema immer wieder Furcht oder Abwehr in uns auslöst, können wir nachforschen, woher die Angst kommt und ob sie wichtig und angemessen ist.

Wir können uns fragen:

- Woher kommt diese Angst?
- Ist das ein Glaubenssatz, den ich von anderen übernommen habe, oder wird ein altes Trauma aktiviert?
- Wann habe ich diese Reaktion zum ersten Mal bei mir bemerkt?
- Was darf ich tun oder loslassen, um dieses Thema künftig besser zu bewältigen?

Wenn wir uns diese Fragen stellen, hilft uns das, unsere Bewusstheit zu verändern und unsere einengenden Muster zu durchschauen. So beginnt für uns eine Heilreise, die uns in ein besseres Leben mit stark erweiterten Möglichkeiten führt.

Ich finde es sehr faszinierend, das unsere persönlichen Heilreisen uns alle durch wechselnde Stadien und Schichten führen.

Es ist wie das Schälen einer Zwiebel. Wir gelangen tiefer, immer näher zu unserem Herzen, unserem Herzbewusstsein, während wir unsere Reise durchs Leben meistern.

Entsprechend hat die Gruppe rund um Zachary oft darauf hingewiesen, dass wir, wenn wir eine ihrer Aussagen erneut hören, jedes Mal andere Aspekte davon wahrnehmen, weil sie immer wieder andere Ebenen in uns ansprechen.

Ich habe schon oft festgestellt, wie sehr das zutrifft, weil meine Seminarteilnehmer dieses Phänomen ebenfalls erleben. Manchmal ist sich ein Teilnehmer vollkommen sicher, dass Zacharys Gruppe etwas Bestimmtes gesagt hat, was der Wahrnehmung aller anderen nach gar nicht zutrifft, doch der Teilnehmer brauchte gerade genau diese Botschaft (und wollte sie hören). Weist man ihn darauf hin und hört er sich das Gesagte erneut an, nimmt er es zu seiner Überraschung ganz anders wahr. Diese Erfahrung mache ich mit Zacharys Botschaften selbst immer wieder.

Wenn Ihnen also die Gespräche in diesem Buch gefallen und Freude bereiten, lesen Sie sie gerne öfter und so aufmerksam, wie Sie können. Ist das Material für Sie etwas schwer verdaulich oder weckt es in Ihnen einige negative Reaktionen, dann lesen Sie besser nur kürzere Abschnitte auf einmal und machen dann eine Pause. So wird es Ihnen leichter fallen, die neuen Erkenntnisse zu absorbieren. Hilfreich kann auch sein, von Ihnen als schwierig empfundene Stellen gleich mehrmals zu lesen.

Dianna und ich haben zu den Gesprächen mit der Gruppe einige wundervolle Leserreaktionen erhalten. Zum Beispiel von

Deva Premal, deren schöne und inspirierende Musik mit Miten ich zu Hause regelmäßig höre:

»Ich habe das Buch gerade auf einer zufälligen Seite aufgeschlagen, und die Botschaft, die ich erhielt, beantwortete genau die Frage, die ich mit mir herumgetragen hatte. Normalerweise können wir die kosmischen Antworten auf unsere menschlichen Fragen nicht ganz verinnerlichen, aber hin und wieder geht die Antwort direkt in uns hinein und verwandelt uns für immer. Dieses Buch hat die Kraft, genau das zu tun.«

Da bin ich mit Deva völlig einer Meinung. Es ist ein großartiger und alternativer Weg, dieses Buch zu nutzen (oder jedes Buch von ähnlicher Frequenz): Schlagen Sie einfach zufällig eine Seite auf und schauen Sie, was sich dort für Sie zeigt.

Die gechannelte Gruppe der achtundachtzig Seelen aus der neunten Dimension mit ihrem Sprecher Zachary weiß ebenso wie Dianna und ich, dass dieses Buch – zusammen mit *Die Energetik der neuen menschlichen Seele* – eine sehr wichtige »Ouvertüre« darstellt, um ein Verständnis für die Zusammenhänge herbeizuführen, die den Neuen Menschen ausmacht. Wir vertrauen darauf, dass die durch Zachary gechannelten Bücher genau zum richtigen Zeitpunkt erscheinen – nämlich dann, wenn eine größere Anzahl Menschen dafür bereit ist.

Kürzlich sagte ich zu einem Freund, dass meine Energie natürlich Bestandteil dieser Bücher ist, sie sich aber trotzdem nicht wie »meine« Bücher anfühlen, weil sie viel mehr sind. Sie sind etwas, das ich »eine Zusammenarbeit im Einssein« nenne. Was meine ich damit? Sie stellen die Verbindung zwischen Dianna, mir, der Gruppe in der neunten Dimension und Ihnen her, den Leserinnen und Lesern, und zwar in Gegenwart und Zukunft. Sie bilden eine Kombination aus Diannas eigenen persönlichen und beruflichen Erfahrungen, der Weisheit der Geistigen Welt und meiner Energie, die das alles stützt und trägt. Und dazu tragen dann noch das amerikanische und deutsche Verlagsteam und mein Team von Lee Harris Energy Productions bei.

Ich weiß, dass Dianna enorm viel Zeit darauf verwendet, intuitiv zu erspüren, was für die kollektive Energie bei diesen einleitenden Gesprächen besonders wichtig und wissenswert ist. Sie ist aber auch bereit und erfreulicherweise dazu in der Lage, mitten im Gespräch einen anderen Kurs einzuschlagen, wenn dieser besser im Einklang mit der aktuellen Zeitlinie steht. Das ist in den gegenwärtig so wechselhaften Zeiten sehr wichtig, und sie hat es im Verlauf der Gespräche schon einige Male getan.

Ich sage »erfreulicherweise«, weil Dianna dabei zum Ausdruck bringt, wie wirkungsvoll Humor in unserem Leben sein kann.

Statt darüber zu verzweifeln, wenn das Gespräch eine unerwartete Wendung nimmt, findet sie immer die leichteste Note, den Humor, und so gelingt es ihr, die Schwingung des Gesprächs anzuheben und es auf gute Weise fortzusetzen. Ich bewundere die Freude und das Geschick, die sie dabei an den Tag legt. Und ich finde es äußerst inspirierend, denn seien wir mal ehrlich – wie kämen wir alle ohne Humor durchs Leben?

Also, ja: Bei der Entstehung der »Ouvertüre«, dieser beiden einleitenden Bücher, haben unsere Freundschaft und die überaus fruchtbare Zusammenarbeit eine Rolle gespielt, und es gibt dabei den roten Faden von Schicksal und Bestimmung. Aber die Gruppe um Zachary legt großen Wert auf die Feststellung, dass Dianna und ich einen freien Willen haben und selbst bestimmen können, wie viele Bücher gemeinsam entstehen sollen. Im letzten Gespräch des Buches geht die Gruppe ausführlich auf dieses und weitere Themen ein. Dianna hat das abschließende Kapitel mit einem strahlenden Lächeln im Gesicht »Hinter den Kulissen unserer Arbeit mit den Z« genannt.

Ich hoffe, dass diese Reise Ihnen Freude bereitet.

Mit Liebe!

Lee Harris

Über die Gespräche

Die folgenden Gespräche zwischen Dianna Edwards und einer Gruppe von achtundachtzig Seelen aus der neunten Dimension mit Zachary als Sprecher fanden unter vier Augen zwischen November 2021 und April 2022 statt und wurden als Audiomitschnitte aufgezeichnet. Der Text wurde für dieses Buch überarbeitet, um ihn für die Leser flüssiger lesbar zu machen.

In den Antworten wurden bestimmte Passagen, die von besonderer Bedeutung sind und deshalb betont werden sollten, durch größere Schrift und eine entsprechende Gestaltung hervorgehoben. Wenn Sie, liebe Leserinnen und Leser, einfach nur kurz in das Buch »eintauchen« möchten, um sich einen Überblick zu verschaffen, können Sie die Seiten überfliegen und einzig diese hervorgehobenen Passagen lesen. So erhalten Sie die wertvollen Einsichten und Inspirationen in geringerer Dosierung.

Das vorliegende Buch enthält die Gespräche vier bis acht. Die Gespräche eins bis drei finden Sie in *Die Energetik der neuen menschlichen Seele*, dem ersten Band der »Ouvertüre«, wie das Team um Zachary diese grundlegenden Botschaften nannte.

Viertes Gespräch

Themen

- Was es bedeutet, ein Mensch zu sein.
- Mehr Licht als je zuvor kommt auf die Erde.
- Die Macht der Worte.
- Bewunderung und Getrenntsein.
- Wie ihr lernen könnt, euch wohlzufühlen.
- Die Veränderung traditioneller Archetypen.

DIANNA: Willkommen zurück, die Gespräche mit den achtundachtzig Seelen aus der neunten Dimension mit Zachary als Sprecher gehen weiter. Willkommen, ihr alle.

DIE Z: Willkommen. Es ist uns eine Freude, den Fluss dieser Gespräche wieder mit euch zu teilen. Gleichzeitig regt die Lektüre des vorliegenden Buches euch zu fruchtbaren inneren Gesprächen an. Die Gespräche, die wir hier führen, inspirieren und ermöglichen Gespräche der Leserinnen und Leser mit sich selbst und ihrer eigenen Seele. So funktioniert Schwingungsaustausch.

DIANNA: Danke für diese Erklärung. Ich möchte jetzt mit euch darüber sprechen, was es bedeutet, Mensch zu sein. Ihr habt einmal gesagt, dass ihr die dritte Dimension lieber bezeichnen würdet als »das planetare Gitternetz, das die Menschheit erdet und verankert«. Gibt es noch andere Planeten, die planetarische Gitter haben, mit denen die dortige Menschheit verankert wird?

DIE Z: Ja, wobei es allerdings derzeit auf anderen Planeten keine Menschen gibt. Es gab andere Planeten, die menschliches Leben trugen, aber jetzt gibt es auf ihnen kein Leben mehr. In kommenden Jahren wird es wieder Planeten geben, auf denen solches Leben existiert. Das hängt aber alles stark davon ab, wie sich die Dinge in den nächsten dreihundert bis fünfhundert Jahren auf der Erde entwickeln. Die Menschheit durchläuft gerade ihre ganz eigenen Veränderungen, und dadurch wird sich auch das Gitternetz verändern, in dem die Menschheit, drücken wir es einmal so aus: platziert wurde. Dieses Netz ermöglicht das Überleben der Spezies.

Was die Evolution der Menschheit angeht, stellt sich die Frage, wie die neue menschliche Seele beschaffen sein wird und wie der Frequenzwandel die Bewusstseinsebenen verändert. Es ist ja so, dass das Bewusstsein auf der Erde im Gleichklang mit dem Bewusstsein im Universum aufsteigt. Der Grund dafür, dass die Menschen gegenwärtig aufsteigen, ist der universale Aufstieg. Doch die Menschen sind starke Sender.

Es wird abzuwarten sein, was geschieht, wenn die besondere Gruppe von Menschen, die gegenwärtig auf dem Planeten inkarniert ist, höhere Frequenzen aussendet. Das wird sich in etwa zehn bis fünfzig Jahren zeigen. Wie wirkt sich eine wachsende Zahl erwachter Menschen frequenzmäßig nicht nur auf den Planeten aus, sondern auch auf das energetische Gitternetz, von dem die Menschen seit so langer Zeit ein Teil sind und das sie speisen und miterschaffen? Ja, dieses Gitternetz ist es, das euch alle sozusagen an Ort und Stelle hält. Aber ihr habt euch auch alle zu einer Zeit inkarniert, für die immer schon erwartet wurde, dass dieses energetische Gitternetz beginnt, sich zu öffnen, also lockerer und weniger dicht zu werden.

DIANNA: Nun, mir ist bewusst, dass die Schwerkraft uns hier Halt gibt. Könnt ihr mir sagen, wie das Gitternetz denn noch zu unserem Überleben beiträgt?

DIE Z: Energetisch ist dieses Gitternetz mit dem Sauerstoff vergleichbar. Ganz ähnlich wie Menschen zum Überleben Sauerstoff benötigen (jedenfalls die Menschen in ihrer gegenwärtigen physischen Gestalt), atmet ihr energetisch durch das Gitternetz.

In diesem Sinne dient es euch eher, als dass es euch festhält. Uns ist bewusst, dass es für euch notwendig ist, dieses Netz zu anderen Zeiten durchaus in einem anderen Licht zu sehen.

Es muss aber noch ein anderer Aspekt dieses Gitternetzes angesprochen werden. Vor einigen Jahrtausenden wurde das Netz in einer Weise negativ verändert, dass die Energien des höheren Bewusstseins seitdem darin nicht mehr gut gedeihen können. Das geschah durch eine Gruppe, die damals auf die Erde kam und entschied, das Gitternetz zu verändern, um die Menschheit zu versklaven (bei diesem Wort müssen wir vorsichtig sein, aber anders können wir das, was diese Gruppe tat, nicht benennen). Wir wissen, wie dramatisch das klingt, und dass es einigen von euch Angst machen kann, aber wir wollen damit sagen, dass diese Gruppe die Menschheit niederhalten wollte, um zu verhindern, dass die Menschen ihr wahres Potenzial entfalten.

Dies geschah als Teil von etwas, das ihr einen »Galaktischen Krieg« nennen würdet. Diese Art von Kriegsführung findet die ganze Zeit über statt. Die Erde ist regelrecht vom Krieg besessen, aber entstanden ist Krieg nicht auf der Erde. Die Kriegsenergie wurde auf die Erde gebracht und dazu benutzt, bestimmte niedere Schwingungen in der Menschheit zu verankern und die Menschen vom Geist der Erde abzutrennen.

Denn, darauf haben wir im Laufe der Jahre immer wieder hingewiesen, eine der mächtigsten Kräfte, die es auf eurer Erde gibt, ist unsichtbar. Sie ist nicht unsichtbar, weil sie zum Reich des Geistes gehört, sondern weil sie tief in der Erde selbst vergraben ist.

DIANNA: In der Erde vergraben? Könnt ihr uns vielleicht erklären, was das für eine Kraft ist?

DIE Z: Ja und nein. Wir können Andeutungen machen, aber wir haben nicht die Freiheit, euch das ganze Bild zu enthüllen, nicht weil wir euch täuschen oder etwas vor euch verbergen wollen; es gibt bestimmte universale Gesetze, die uns erlauben, euch Schritt für Schritt Wissen zu vermitteln, damit ihr im für euch richtigen Tempo euren Weg finden könnt. Zu viel zu schnell würde eure Entwicklung stören und damit den Entwicklungsschwung, der sich gegenwärtig in sehr guter Weise auf der Erde entfaltet, zunichte machen. Als ein Volk beginnt ihr gerade ein freies Bewusstsein zu entwickeln, auch wenn uns bewusst ist, dass vielen von euch derzeit das genaue Gegenteil zu schaffen macht: etwas, das ganz und gar nicht nach Freiheit des Bewusstseins aussieht.

Viel von *dieser* Agenda (dem Bestreben, die Freiheit der Menschen noch mehr einzuschränken) kommt aus der gleichen Energiequelle, die vor mehreren tausend Jahren das Gitternetz dichter machte als ursprünglich vorgesehen.

Wir wollen das einmal folgendermaßen beschreiben: Im Inneren der Erde gibt es tatsächlich physische Kristalle und auch energetische Kristalle, die Schwingungen ausstrahlen. Viele dieser Kristalle wurden erst in den letzten Jahrzehnten »aktiviert«, was ein sehr kurzer Zeitraum ist. Sie heizen die Erde von innen heraus auf und erhöhen die Frequenzen.

Diese Kristalle beginnen jetzt, mit ihrer Hitze die übermäßige Dichte des Gitternetzes zu durchbrechen und aufzulösen, die eurem Planeten damals vor Jahrtausenden aufgezwungen wurde. Euch erwartet in den kommenden Jahrzehnten eine Zeit der Unruhe und des Durcheinanders. Das liegt daran, dass ihr eine Phase eurer Geschichte auflöst, in der ihr manipuliert wurdet. Euch wurde eine Energiestruktur aufgezwungen, die euer Wachstum behinderte und euch davon abhielt, fruchtbar mit den elementaren und energetischen Kräften zusammenzuarbeiten, die im Inneren eures Planeten existieren.

Obwohl also viele von euch gerne hinauf in den Himmel schauen, um spirituelle Energie zu tanken, bitten wir euch, auch nach unten zu schauen. Die Erde ist voller physischer und energetischer Kristalle. Damit meinen wir Kristalle, die sich fortbewegen können. Und sie emittieren höhere Energien. Zum Beispiel gibt es in der Erde bestimmte Schlüsselkristalle, die vor Jahrtausenden dort positioniert wurden und immer schon dazu gedacht waren, an der Evolution nicht nur der Menschheit, sondern der gesamten Erde mitzuwirken.

Wir möchten es so ausdrücken: Wenn derzeit Wesen, die auf anderen Planeten leben, auf die Erde schauen, nehmen sie von der Menschheit nicht viel wahr. Sie mögen einen vagen Eindruck von der Menschheit empfangen, aber was sie vor allem wahrnehmen, ist die Erde selbst. Wenn ihr auch gegenwärtig alle zur Energie der Erde beitragt, nehmen sie doch hauptsächlich wahr, was der Planet selbst emittiert und wie er pulsiert. Ja, die Erde besitzt einen Puls, und dieser Puls kann gemessen werden. Manche Wesen können ihn sogar hören. Und gegenwärtig beschleunigt sich dieser Puls. Die energetischen Kristalle, von denen wir gerade gesprochen haben, bilden sich, wenn sich die Energie eines physischen Kristalls umstellt und um sich herum ein Aurafeld erzeugt. Vereinigt sich dieses Aurafeld mit einem anderen Kristall, kann neue Kristallenergie geboren werden.

Ihr Menschen neigt dazu, euch Kristalle als etwas vorzustellen, das ihr in der Hand halten oder physisch sehen könnt. Doch die energetischen Kristalle, von denen wir reden, werden erschaffen, wenn diese physischen Kristalle sich mit anderen Kristallen verbinden und neue kristalline Aurafelder hervorbringen. Das kristalline Aura-Gitternetz der Erde schwingt derzeit immer schneller, und so werden mehr und mehr Menschen von diesen Energien gewissermaßen »getroffen«.

Viele von euch blicken gerne in den Himmel oder beobachten, was elektrisch und elektromagnetisch mit ihnen passiert. Oft sagen wir zu euch: »Setzt euch auf den Boden oder erdet euch, wenn ihr euch überfordert fühlt.« Das empfehlen wir, weil viele von euch sich dadurch besser auf das Licht und die Klangwellen einstimmen können, die aus dem Inneren der Erde kommen, euren Körper durchströmen und energetische Reibung hervorrufen. Wenn ihr euch auf den Erdboden setzt, macht ihr euch damit bereit, Verbindung mit dieser Energie aufzunehmen. Ihr befindet euch dann nicht mehr in diesem schwankenden, chaotischen Modus, der heute oft vorherrscht, sondern könnt euch positiv mit der Kristallenergie im Erdboden unter euch verbinden.

In eurer Erde leben viele verschiedene Wesen. Die meisten von ihnen sind Elementargeister. Sie sind für euch physisch nicht sichtbar, und doch sind sie derzeit sehr eifrig bei der Arbeit. Das, was von den Menschen gegenwärtig auf der Oberfläche des Planeten ausagiert wird, sind lediglich die letzten Energiemuster von Krieg, Kontrolle und Manipulation.

Wir wissen, dass es für viele von euch äußerst schwierig ist, diese Aussage zu akzeptieren, und dass die Energien von Krieg, Kontrolle und Manipulation euch lähmen oder zutiefst deprimieren, ängstigen und traurig machen können. Euch stehen noch zwei bis drei Jahrzehnte bevor, während denen diese Energien auf dem Planeten weiterhin eine große Rolle spielen. Doch wenn wir euch sagen, dass schon jetzt mehr Licht in eure Welt kommt, dann meinen wir das auch so. Ihr werdet in den kommenden Jahren und Jahrzehnten dieses Licht deutlich erleben und wahrnehmen können.

Das Licht wird immer mehr zu einer allgemein verbreiteten Währung auf der Erde werden, und zwar in einem Maße, wie ihr es noch nie zuvor erlebt habt.

DIANNA: Könnt ihr mir sagen, woher dieses Licht kommt, das jetzt mehr denn je die Erde erreicht?

DIE Z: Von zwei Orten, aus dem Inneren der Erde – dabei handelt es sich um Energie, die zur Oberfläche getrieben wird und die Menschen durchströmt – und auch aus dem höheren Bewusstsein, in das die Erde gewissermaßen hineingezwungen wird, weil die kosmische Energie insgesamt sich in diese Richtung bewegt.

Das Universum durchläuft gerade eine Phase der Umgestaltung – man kann auch sagen, der Wiedergeburt –, und die Erde ist ein Schlüsselplanet bei dieser Wiedergeburt, weil die Erde das »Herz« repräsentiert.

Deshalb widerstrebt es immer mehr Menschen, wenn auf der Erde die Herzenergie manipuliert oder blockiert wird. Diese Art von Manipulationen steht einfach nicht im Einklang mit der wahren Energiesignatur des Planeten.

Herzlose Energie ist Teil des Energiemusters oder Gitternetzes, das auf diesem Planeten ausgesät wurde, hier aber nicht ihren Ursprung hat und auch nicht hierher gehörte, bevor sie implantiert wurde. Doch ein positiver Aspekt der Manipulation eures Gitternetzes besteht darin, dass dadurch die Wesen der Erde (vor allem die Menschen) zu größerer Bewusstheit gelangen konnten, die sie sonst nicht so schnell erreicht hätten.

Um verstehen zu können, woher das Licht kommt, kann es hilfreich sein, über die Schwerkraft der Erde nachzudenken. Sie funktioniert in zwei Richtungen: Sie verwurzelt euch auf dem Planeten unter euren Füßen, gibt euch aber auch sicheren Halt in der Sphäre der Erde, dem irdischen Energiefeld, das als

Kraft über euch und um euch herum wirkt. Und auch das Licht kommt von oben und von der Seite auf den Planeten und zu euch – nicht notwendigerweise Licht, das ihr sehen könnt, wie Sonnenlicht oder Lichtstrahlen, sondern in Form sich verändernder Frequenzen. Die Erde ist nicht länger in der Lage, eine so hohe Dichte aufrechtzuerhalten, wie es früher der Fall war, denn sie durchläuft nun eine Transformation.

Als die wesentlichen Wesen auf diesem Planeten durchlauft dabei ihr Menschen ebenfalls eine etwas schwierige Transformation, die sich für einige von euch manchmal wie ein Sterbeprozess anfühlen mag. Aber das ist unausweichlich, und so soll es zu dieser Zeit auf der Erde als Erfahrung auch sein.

DIANNA: Ihr sprecht von Kristallen. Durch wen oder was sind diese Kristalle denn aktiviert worden?

DIE Z: Sie sind in vielfältiger Weise schon seit etlichen Jahrtausenden aktiv. Doch im 20. Jahrhundert trat eine Veränderung ein, und deshalb geschieht seitdem Folgendes: Die Erde bewegt sich wieder in Richtung auf ihre »Sternenherkunft«. Damit meinen wir, dass die Entwicklung der Erde gewissermaßen verlangsamt und behindert wurde. Die Geschichte eurer eigenen Herkunft und die Erdgeschichte wurden manipuliert und modifiziert, und das alles hat man vor euch verborgen. Von eurem Ursprung her verfügt ihr über unglaubliche Macht, über mehr Macht, als es diejenigen für akzeptabel halten, die versuchen, euch Menschen zu beherrschen oder zu »versklaven«. Im Spiel der planetaren Kriegsführung käme es ihnen nämlich ziemlich ungelegen, wenn die Erde zu mächtig würde.

DIANNA: Wie sehen die Ursprünge unserer Spezies denn aus, an die wir uns erinnern sollen?

DIE Z: Das gehört nicht hierher in dieses Gespräch. Verzeih uns, aber wir müssen ein bisschen aufpassen, wie weit unsere Leserinnen und Leser uns zu folgen bereit sind. Würden wir zu euch ausführlich über eure Ursprünge sprechen, wären dafür ein bis zwei Stunden notwendig, und es wurde dieses Gespräch in eine völlig andere Richtung führen.

DIANNA: Verstehe. Nun, ich möchte euch gerne zu einem Mantra oder Gebet befragen, das ich einmal in einem Buch gelesen habe. Sagt mir bitte, ob ihr diese Sätze für positiv und stärkend haltet. Dort heißt es: »Ich bin ein Mensch im Werden, hilf mir zu werden.« Damit soll das größere Universum gebeten werden, unsere Reise zur neuen menschlichen Seele zu unterstützen. Ist es richtig, wenn man das so formuliert?

DIE Z: »Richtig« ist ein interessantes Wort. Wir freuen uns, dass du das ansprichst, denn es gibt auf der Erde diese Vorstellung von »richtig« und »nicht richtig«, womit wir uns schon öfter beschäftigt haben. Ihr auf der Erde denkt sehr stark in Kategorien von richtig/falsch, schwarz/weiß. Dabei ist das größte Problem, dass nichts davon wirklich zutrifft. Es gibt kein richtig/falsch und kein schwarz/weiß. Alles ist immer eine Frage der Perspektive. Was es gibt, ist Multidimensionalität. Erst wenn euch wieder erlaubt ist, dies in euer Denken zu integrieren, werdet ihr euch nicht mehr eingeschränkt und unfrei fühlen. Was euer Potenzial angeht und die Möglichkeit, euch mit der gewaltigen Natur des Universums zu verbinden, seid ihr wie Schlafwandler, die allmählich wieder erwachen.

Deine Frage beantworten wir wie folgt: Ist dieser Satz richtig für alle, die ihn lesen, die irgendwie ihren Weg zu ihm gefunden haben? Und befand er sich zu dem Zeitpunkt, als er in dieses Buch aufgenommen wurde, in einer guten hohen Schwingung für die Leute, die mit ihm in Berührung kommen? Ja. Aber wird das auch in künftigen Jahrzehnten noch der Fall sein? Für die »richtigen« Leserinnen und Leser: ja. Wie würden wir also dieses Mantra formulieren? In etwa so: »Ich bin eine menschliche Seele im Werden. Ich erinnere mich. Ich bin göttlich. Ich öffne mich wieder für meine Seelenenergie.«

»Hilfe« ist ein problematisches Wort. Manchmal kann Hilfe von außen eure Rettung sein. Wenn ihr in solchen Fällen sagt: »Hilf mir!«, kann das aus einem sehr offenen Herzen kommen, und dann seid ihr bereit, Hilfe von einer anderen Person oder Energie auch wirklich zuzulassen.

Oft bittet ihr aber um Hilfe, wenn ihr euch in einer »Opferrolle« befindet. Ihr glaubt dann, ihr wäret weniger wert als die, von denen ihr Hilfe erwartet. Dieses Mantra, dass du zitiert hast, eignet sich also sehr gut für Menschen, die eine starke religiöse Programmierung durchlaufen haben. Denn in der Religion bringt man euch bei, unterschwellig oder ganz offen, dass ihr von Gott *getrennt* seid, nicht mit ihm verbunden. Das ist oft eine sehr hierarchische Betrachtungsweise.

Nun, Gott ist das, was die Menschen aus ihm machen. Manche glauben, dass Gott eine mystische Kraft ist. Manche glauben, Gott ist weiblich. Manche halten ihn für männlich.

Beachtet auch, wie sehr Religion dafür benutzt wurde, eine wunderbare Maskierung für Kriege auf eurem Planeten abzugeben. Krieg ist auf der Erde das große Ablenkungsmanöver, und er ist der große Zerstörer des Einsseins.

Religion und Krieg sind, wie ihr vielleicht schon bemerkt habt, seit langer Zeit miteinander verknüpft.

Wie sehr wurde die Menschheit dadurch getäuscht, dass man den Menschen gewährte, ihre Seele ein kleines Stück weit spüren zu dürfen, indem man ihnen die im höchsten Maße organisierte und kontrollierte Religion gab!

Und dann gestattete man gleichzeitig, dass ständig Kriege stattfinden, und irgendwie wurde das eine mit dem anderen verknüpft, so dass die Leute Seele und Krieg nicht mehr als voneinander getrennt betrachteten.

Das ist das ultimative Verbrechen, das an der Menschheit verübt wurde. Denn wenn man die Seele und den Krieg verknüpft, kann die Seele sich niemals voll entwickeln. Die Seele steht dann unter dem Einfluss des Krieges, ist regelrecht darin gefangen. Und wenn der Krieg mit Geist und Seele assoziiert wird (zum Beispiel bei sogenannten »heiligen Kriegen«), wird Krieg dadurch zu einer äußerst starken Kraft. Man verleiht damit dem Krieg sogar eine allmächtige Kraft auf Erden.

Warum ist der Krieg so nützlich für diejenigen, die Menschen unterjochen wollen? Weil der Krieg Angst, Zerstörung und – das ist am wichtigsten – Trennung erzeugt.

Wenn ihr all diese trennenden, spaltenden Botschaften lest oder hört, die derzeit von allen Seiten auf eurer Weltbühne propagiert werden (durch die Politik und die Massenmedien), empfehlen wir euch, bewusst darauf zu achten, wie sehr ihr dazu animiert werdet, bestimmte Gruppen oder Einzelpersonen als »minderwertig« zu beurteilen.

Beachtet auch, wie hierarchisch diese ganze Erzählung ist, die man euch derzeit wieder und wieder auftischt.

Um es noch einmal zu betonen: Wir sagen euch das nicht, um euch zu deprimieren. Manche von euch mögen sich bereits ein wenig alarmiert oder getriggert fühlen, wenn sie das hier lesen, weil sie dadurch das Gefühl bekommen, der Zustand eurer Welt sei sehr finster.

Doch wir versichern euch, dass der Zustand eurer Welt keineswegs finster ist. Es trifft lediglich zu, dass dunkle Energien am Werk sind, und das schon sehr lange.

Denkt einmal bewusst an all die Momente, in denen ihr auf diesem Planeten schon Licht und Liebe erlebt habt. Versteht, dass diese Erfahrungen die Wahrheit eurer seelischen und geistigen Energie auf der Erde sind.

Gegenwärtig versucht ihr, die dunkleren Energien zu beseitigen. Es war der Satz »Hilf mir!«, der uns veranlasste, über die absichtliche Verknüpfung von Religion und Krieg zu sprechen. Wir wollen, dass ihr versteht, wie wichtig es ist, dass ihr im Laufe eures Lebens ständig hinterfragt, ob bestimmte Dinge immer noch nützlich für euch sind. Schließlich verändert ihr euch fortlaufend und entwickelt euch weiter. Kinder im Alter von fünf Jahren spielen in einer bestimmten Weise miteinander, aber wenn sie dreißig Jahre alt sind, wird die gleiche Gruppe von Menschen nicht mehr auf diese Art miteinander spielen.

Versteht uns nicht falsch. Auch die Eltern dieser Gruppe werden dann älter sein und darüber staunen, wie sie in ihren dreißigjährigen Kindern immer noch die Samen der Energie der kleinen Menschen wahrnehmen, die diese einst mit fünf Jahren waren. Jetzt sehen die Eltern ihre Kinder mit dreißig, und ihr »Spiel« ist wesentlich höher entwickelt, vielschichtiger und gewissermaßen weiter ausgreifend.

Natürlich würdet ihr es nicht »Spiel« nennen, denn die meisten Erwachsenen denken bei dem, was Sie tun, nicht daran, dass sie spielen. Wir dagegen sagen euch, dass ihr im Leben immer spielt, selbst wenn es nicht wie ein Kinderspiel aussieht oder sich so anfühlt. Und vergesst nicht, dass Kinder bei ihren Erfahrungen viele emotionale Hochs und Tiefs durchmachen. Ihr Menschen habt oft diese romantische Vorstellung über die

Kindheit. Ihr blickt auf eure eigene Kindheit zurück oder schaut Kindern zu und denkt: »Ach, Kinder sind so unschuldig.«

Aber das sind sie gar nicht!

Wenn ihr wirklich ehrlich mit euch selbst sein wollt, dann blickt einmal auf eure frühesten Jahre auf dem Planeten zurück und denkt an den Schrecken, den Schmerz und die emotionalen Reaktionen, die ihr damals erlebt habt. Schon in frühester Kindheit habt ihr begonnen, das alles in euch aufzusaugen – besonders wenn ihr geistig offen wart. Ihr habt begonnen, das Licht zu fühlen. Ihr habt begonnen, die Liebe zu fühlen. Ihr habt begonnen, das Leid zu fühlen. Ihr habt begonnen, den Schmerz zu fühlen. Ihr habt begonnen, das Alleinsein zu fühlen. Es gefällt euch nicht, wenn ihr die niederen Elemente fühlt, und ihr habt angefangen zu reagieren.

Um wieder auf deine erste Frage zurückzukommen: Wir haben gesagt, dass »Hilf mir!« für einen bestimmten Menschen in einem bestimmten Stadium wunderbar sein kann, weil solche Hilfe in der Tat möglich ist. Wir möchten euch nur daran erinnern, dass Worte mächtig sind und jeder von euch sie ein wenig anders interpretiert. Selbst die, die das hier lesen, reagieren darauf sehr unterschiedlich. Manche von euch legen etwas hinein, was hier gar nicht steht. Wenn sie einem Freund von diesem Buch erzählen, zitieren sie bestimmte Dinge, obwohl wir diese gar nicht gesagt haben! Wenn ihr dann das Buch aufschlagt und die Stelle nachlest, werdet ihr *sehen*, dass wir es nicht gesagt haben, sondern dass es das ist, was ihr daraus mitgenommen habt.

Wir sprechen das an, Dianna, weil es Teil eurer religiösen Programmierung ist, dass ihr eure Spiritualität nach bestimmten Regeln lebt – Regeln, die von anderen an euch weitergegeben wurden. Es ist für euch alle sehr natürlich, wieder für das Geistige zu erwachen, euch eurer Seele wieder bewusst zu werden und wissen zu wollen: »Verstehe ich das richtig?« Und es tut uns wirklich leid, euch das in dieser Situation sagen zu müssen, aber es gibt kein »Richtig«! Es gibt nur das, was für euch *in diesem Moment* richtig ist. Und was für euch *im Moment* richtig ist, wird sich während eurer Reise verändern und weiterentwickeln.

Für einige unserer Leserinnen und Leser ist dieses von Dianna zitierte Mantra heute genau angemessen. Für andere dagegen wäre es in der momentanen Phase ihrer Reise höchst unangemessen. Aber das heißt nicht, dass das Mantra »falsch« ist. Es heißt nur, dass ihr sehr multidimensional seid und in einer Phase eurer Menschheitsgeschichte lebt, in der ihr alle zu unterschiedlichen Zeiten etwas leicht Unterschiedliches braucht. Dass wir euch das so ausführlich erklären, hat folgenden Grund …

Worte besitzen spirituelle Macht.
Daher ist es notwendig, dass ihr eure eigenen
Worte ständig überprüft und neu definiert,
und ebenso die Worte, die ihr in euer Leben
hineinlasst – denn eure Verbindung zur
spirituellen Macht verändert sich ständig.
Wir meinen damit nicht Macht über andere.
Wir meinen die Macht eures Herzens,
die Macht eurer Seele, die Macht des Menschen,
der zu sein ihr hergekommen seid.

Worte sind eine Art Navigationssystem. Eine Karte ist nicht das Ziel, zu dem ihr reist, aber ohne sie würden viele von euch das Ziel, das sie anstreben, nie erreichen. Worte sind wunderbare Wegweiser. Und wenn sich, während eure Reise fortschreitet, euer Ziel ändert, müsst ihr die Wegweiser, die ihr benutzt, anpassen. Wir hoffen, dass dies für euch einen Sinn ergibt.

DIANNA: Das tut es. Es berücksichtigt, dass wir selbst dafür verantwortlich sind, Entscheidungen zu treffen, die für uns als Individuen nützlich sind, und dass wir nicht davon ausgehen sollten, ein Weg wäre für alle passend. Ich weiß wirklich zu schätzen, dass ihr so deutlich macht, wie wichtig es für uns ist zu erkennen, wenn Worte dazu benutzt werden, uns zu kontrollieren und zu manipulieren. Wir nennen das »gelenkte« Worte. Das kann etwas so Einfaches sein wie: »Das wird ein schreckliches Wochenende. Wir sollten uns besser darauf vorbereiten. Es wird ein wirklich schlimmes Wochenende.« Jemand programmiert uns durch diesen Gebrauch der Worte. Wenn ich merke, dass jemand so etwas mit mir macht, neige ich dazu zu sagen: »Nein, es wird kein schlimmes Wochenende. Es wird ein wunderbares Wochenende. Jawohl – das Wochenende wird super!« Ich sage das laut und kehre so die negative Aussage um, damit das bekräftigt wird, was ich wirklich will. Ich konzentriere mich darauf, ein schönes Wochenende zu haben – darauf zähle ich.

Ihr weist uns auf den Gebrauch der Worte hin, und damit sprecht ihr wirklich ein sehr wichtiges Thema an. Ich denke, wir alle sollten viel genauer und bewusster unsere Worte und Sätze wählen und darauf achten, welche Worte wir wem gegenüber verwenden – Kindern oder Erwachsenen.

Für Kinder können die Energien und Worte, die in ihrer Umgebung verwendet werden, sehr verwirrend sein. Möchtet ihr dazu noch ein paar Gedanken beisteuern?

DIE Z: Du hast da ein sehr wichtiges Beispiel genannt, Dianna. Wir möchten Folgendes hinzufügen: Man kann euch über Worte manipulieren und kontrollieren, weil sie in euch Emotionen auslösen. Wenn zum Beispiel jemand zu euch sagt: »Das wird ein schreckliches Wochenende«, fühlt ihr euch vielleicht plötzlich entmutigt, verängstigt und denkt: »Oh, nein!« Ihr glaubt einfach, was man euch sagt. Aber ihr glaubt nicht den Worten. Ihr glaubt den emotionalen Reaktionen, die sie in euch auslösen. Und die Reaktion ist es, die eure Zukunft erschafft, nicht die Worte. Das geschieht vor allem, wenn die Worte dazu benutzt werden, euch zu manipulieren und zu beherrschen.

Der Schlüssel ist immer eure emotionale Reaktion, euer Gefühl. Deshalb sagen wir euch: »Werdet euch eurer Gefühle bewusst. Werdet euch bewusst, was gerade in euch vorgeht.« Schon viel zu lange wurde vielen von euch eingeredet, nicht auf eure Gefühle zu achten, sondern Befehle und Anweisungen zu befolgen und euch an die Regeln zu halten, ohne darüber nachzudenken, ob das euch und eurem Körper überhaupt guttut.

Wenn ihr beginnt, auf euren Körper zu hören und darauf zu achten, ob sich etwas für euch wahr anfühlt, werdet ihr euch von anderen nicht länger manipulieren lassen, euch von ihnen nicht mehr sagen lassen, was ihr denken oder empfinden sollt.

Wir finden es sehr interessant, dass immer mehr Menschen auf eurem Planeten die Manipulation in euren Massenmedien durchschauen. Sie durchschauen, welche Agenda dahintersteckt. Und die Leute sind nicht so dumm, wie die Macher der Massenmedien es gerne hätten. Deshalb gibt es seit ein paar Jahren bezüglich der großen Themen in den Medien mehr Kontroversen und Spannungen. Es wird Streit und Spaltung gesät.

Und manche Leute gehen diesen Geschichten auf den Leim, lassen sich ködern. Sie glauben, was ihnen erzählt wird. Aber sie glauben nicht die Worte. Sie orientieren sich an ihrer emotionalen Reaktion. Sie hören eine Meldung in den Nachrichten und sind dann ganz kopflos vor Angst, denn sie haben zugelassen, dass diese Angst in ihnen aktiviert wird. Ein anderer Mensch reagiert vielleicht völlig anders auf die Meldung und findet es unverständlich, wie jemand deshalb so in Panik geraten kann. Hier kommt die Macht eurer emotionalen Energiefelder ins Spiel. Und dass ihr als planetare Kultur emotional noch unreif seid, macht euch anfällig für derartige Manipulationen, mit denen Streit und Spaltung gesät werden sollen.

Dass ihr eine emotional unreife planetare Kultur seid, liegt nicht daran, dass ihr als Menschen von Natur aus emotional unreif wäret. Ihr seid als Volk emotional unreif, weil eure emotionale Entwicklung eingeschränkt und behindert wurde. Man hat euch euer Potenzial zu einem großen Teil gestohlen. Euer Wachstum wurde gehemmt. Weisheit, vor allem spirituelle Weisheit, hilft euch dabei, emotionale Reife zu erlangen und euch weiterzuentwickeln. Die Menschen wurden aber von ihrer eigenen spirituellen Weisheit entfremdet. Stattdessen wurde ihnen befohlen, sich dem Herdentrieb unterzuordnen. Es wurde ihnen gesagt, was sie denken und glauben sollen.

Damit sollten sie an der Entdeckung und Entwicklung des ihnen innewohnenden Potenzials gehindert werden. Sie wurden dadurch zu einem Volk, das emotional nicht so reif ist, wie es das längst sein könnte, wenn es seine Beziehung zur Weisheit hätte entwickeln können – zur spirituellen Weisheit, zur menschlichen Weisheit, oder wie immer ihr es nennen möchtet.

Daher ist das, was du angesprochen hast, sehr wichtig. Wir können gar nicht genug betonen, welche Bedeutung die »Wort-Kriegsführung« auf der Erde hat. Dabei geht es nicht um die Worte an sich. Es geht um eure Reaktion auf die Worte. Je mehr ihr euch eurer inneren Reaktionen auf das, was in eurem Leben geschieht, bewusst werdet, desto reifer werdet ihr und desto weniger anfällig seid ihr für emotionale Manipulationen. Euer

Energiefeld wird weiter, und eure Seele wird immer stärker in die Gespräche auf diesem Planeten einbezogen.

Wir verstehen, dass manche von euch sich wünschen, all das würde schneller gehen. Sie sind bereits weniger reaktiv und wünschen sich, dass die anderen Menschen auf dem Planeten auch schon so weit wären. Bitte hört auf, euch das zu wünschen! Das sagen wir, weil wir befürchten, dass dieser Wunsch eure Kraft und eure Lebensfreude beeinträchtigt.

Wenn ihr euch das wünscht, kann es zu einer Schwächung kommen. Begreift ihr nicht, dass ihr, wenn ihr bereits über diese größere emotionale Reife verfügt, dazu bestimmt seid, Botschafter für ein reiferes Bewusstsein auf eurem Planeten zu werden? Wir sagen das mit Liebe, nicht urteilend.

Es wird sehr befreiend für euch sein, uns das zu glauben, denn dadurch befreit ihr euch letztlich von der Vorstellung, dass auf eurem Planeten etwas falsch läuft.

Ihr wusstet genau, in welche Situation auf dem Planeten ihr inkarniert. Das trifft auch auf die zu, die ständig herumrennen und all ihren spirituellen Freunden erzählen: »Ja, ich wünschte, ich wäre nicht auf diesem Planeten.« Wer das behauptet, lügt. Wir versichern euch: Wenn ihr nicht auf diesen Planeten gehören würdet, wäret ihr längst tot. Es ist sehr leicht, auf diesem Planeten zu sterben, sehr leicht, ihn zu verlassen. Hört also auf, still herumzusitzen und euch zu wünschen, alles sollte anders sein. Wenn ihr das tut, schwächt ihr eure Kraft und Macht, diesen Planeten in einen Planeten zu verwandeln, wie ihr ihn euch wünscht.

Was kann die Schwingung positiv verändern? Ihr könnt es. Ihr könnt eure individuelle Schwingung anheben. Und wie gelingt es euch dann, diese höhere Schwingung mit der Welt zu teilen? Indem ihr sie lebt und dadurch zu einem Beispiel für andere werdet. Ihr alle lernt, indem ihr dem Beispiel anderer folgt. Das gilt auch im energetischen Bereich. Der Weg zur positiven Veränderung des Planeten besteht darin, dass immer mehr Menschen positive Beispiele für höhere Schwingungen geben.

DIANNA: Ich nenne das »Vorbildfunktion«. Dadurch sehen andere Menschen, wie man etwas auf eine Weise tun kann, die ihnen selber noch gar nicht in den Sinn gekommen ist.

DIE Z: »Vorbildfunktion« ist ein schönes Wort dafür, denn auf der menschlichen Ebene veranschaulicht es perfekt, worauf wir hinauswollen. Und das bringt uns zu einem weiteren Aspekt, Dianna, nämlich der Bewunderung. Bewunderung, wenn sie von Herzen kommt, ist großartig. Es ist die Bewunderung für eine Eigenschaft in einem anderen Menschen oder für eine Wesensart an ihm, die ihn für euch herausragend macht. Zum Beispiel: »Oh, meine Schwester ist so liebenswert. Immer ist sie für andere da. Sie ist einfach großartig.«

Ist sie das? Oder hat sie nur etwas an sich, wovon ihr selbst gerne ein bisschen mehr hättet? Ihr selbst seid ebenfalls wunderbar, wenn auch auf eine andere Art und Weise.

Hütet euch davor, euch abzugrenzen, wenn es darum geht, andere zu bewundern, die eine bestimmte Art des Seins vorleben. Ihr erkennt diese Art des Seins nur deshalb als gut, weil ihr dieses Potenzial in euch selbst erkennt und spürt.

Vermutlich würdet ihr staunen, was geschieht, wenn ihr damit experimentiert, euch selbst ein bisschen mehr wie eure Schwester zu verhalten. Der Grund für ihr freundliches Verhalten ist nicht, dass sie eine Art Heilige oder Märtyrerin sein oder von anderen bewundert werden will. Die Bewunderung durch andere ist nämlich recht langweilig. Es bringt euch nicht viel und nährt nur das verletzte Ego. Leider werden alle, die ein verletztes Ego haben und ständig nach Bewunderung suchen, immer einsamer und fühlen sich immer stärker in sich selber gefangen, solange sie ihr Ego nicht heilen.

Je mehr sie nach Aufmerksamkeit und Bewunderung süchtig werden, desto mehr leiden sie. Das ist wirklich keine angenehme Situation. Strebt also nicht danach, »bewundert« zu werden. Das sollte euch gleichgültig sein. Es tut euch nicht gut. Es nährt euch nicht. Strebt lieber nach »Verbundenheit«. Werdet ein Mensch, der in guter Verbundenheit mit anderen lebt und von dem andere sich angenommen und verstanden fühlen. Das erreicht ihr, indem ihr einfach ihr selbst seid. Diese Frau, deren Qualitäten ihr bewundert, lässt die Welt frei an ihren Gaben und Talenten teilhaben, und auch ihr habt eure Gaben und Talente.

Das führt uns zu jener anderen Art der Bewunderung, deren Schwingung etwas niedriger ist: Eifersucht, Neid. *Das* ist der Zustand, in den ihr geratet, wenn ihr in die Falle tappt, etwas zu bewundern, das ihr gerne wäret oder hättet, von dem ihr aber glaubt, es nicht erlangen zu können oder dass man es euch vorenthält. Doch ihr erzeugt diese Trennung selbst. Oft beschließt ihr, dem Menschen, der das besitzt, was ihr euch für euch selbst wünscht, die Schuld daran zu geben, dass ihr es nicht habt, während es ganz allein eure eigene Schuld ist. Wir sagen das nicht aus Bosheit, sondern weil es schlicht und einfach die Wahrheit ist. Wenn ihr Eifersucht oder Neid empfindet, dann verändert diesen Zustand möglichst schnell! Er bringt euch nichts, zieht euch nur herunter und ist eine Falle, die ihr euch selbst gestellt habt. In gewisser Weise können Eifersucht und Neid aber auch wundervoll sein – wundervolle Hinweise darauf, dass da etwas ist, das ihr begehrt und bewundert und das ihr gerne erlangen möchtet.

Ihr lebt in einem magnetischen Universum der Fülle. Warum fangt ihr also nicht einfach an, eure Aufmerksamkeit darauf zu richten, dass die Qualitäten, die ihr bewundert, zu euch kommen? Wenn ihr auf jemanden eifersüchtig seid, schadet ihr damit euch selbst mehr als dem anderen. Wir möchten, dass ihr das versteht. Wir wollen nicht, dass ihr hart mit euch ins Gericht geht, wenn ihr dies lest und mit Entsetzen feststellt, was für ein großes Thema Eifersucht oder Neid bisher in eurem Leben waren. Denn das ist nichts, weswegen ihr euch Vorwürfe machen solltet. Es handelt sich einfach um ein ererbtes Verhalten. Es ist die »Krankheit« des Menschseins, die Wunde der Eifersucht, die ihr in euch aufgesogen habt, ein uraltes Muster, das ihr in eurem Leben wiederholt.

Und hier kommt die gute Nachricht: Wenn ihr beim Lesen dieser Zeilen erkennt, dass dies auf euch zutrifft, ist das ein wunderbarer Tag, ein Grund zum Feiern! Heute ist der Tag, an dem ihr das entdeckt habt! Es mag einige Monate oder sogar Jahre dauern, bis ihr Eifersucht und Neid wirklich hinter euch lassen könnt, denn sie sind in euch durch viele verschiedene Erfahrungen und Menschen emotional verankert worden. Daher braucht es nun einmal etwas Zeit, um sie vollständig loszulassen. Aber, wie wir in einem unserer früheren Gespräche sagten, das bewusste Erkennen ist immer der Durchbruch. Bewusstheit muss gefeiert werden. Wenn ihr etwas mit einer niedrigeren Schwingung wahrnehmt, das ihr euch selbst oder anderen angetan habt, und ihr deshalb Reue oder Scham empfindet, bitten wir euch, diese Emotionen so schnell wie möglich zu verbrennen, damit ihr wieder zu der Erkenntnis zurückkehren könnt: »Wie wunderbar, dass ich jetzt bewusst genug bin, etwas zu sehen, das ich getan habe, etwas, das kleingeistig war und vielleicht mich oder einen anderen verletzt hat. Wie wunderbar, dass meine Weisheit so weit gewachsen ist, dass ich das jetzt sehen kann.«

Wie ist es um eure Selbstliebe bestellt? Das ist das eigentliche Thema. Wenn ihr euch selbst gegenüber nicht sehr liebevoll seid und noch nicht daran gearbeitet habt, euch selbst mehr zu lieben, zu akzeptieren oder zu verzeihen, werdet ihr dazu neigen, euch selbst zu verurteilen, wenn ihr bemerkt, dass ihr etwas getan habt oder getan zu haben glaubt, das nicht sehr edel oder ziemlich unfreundlich war. Wenn ihr an eurer Selbstliebe arbeitet – also lernt, mitfühlender gegenüber euch selbst zu sein, anzuerkennen, dass es nicht einfach ist, ein Mensch zu sein, dass es sehr problematisch und schwierig sein kann und auf emotionaler und energetischer Ebene manchmal sehr, sehr stressig –, dann habt Mitgefühl mit euch selbst. Ihr alle gebt euer Bestes, aber manchmal macht ihr eure Sache nicht so gut, wie ihr könntet, weil ihr darauf konditioniert wurdet, blind für einige eurer eigenen verzerrten Energien zu sein. Und niemand hat sich je mit euch hingesetzt und euch über den energetischen Knoten aufgeklärt, den Eifersucht und Neid erzeugen.

Natürlich werden diejenigen, die ein Interesse daran haben, dass ihr ein Leben in niedriger Schwingung führt, bestrebt sein, euch in diesem Zustand zu halten. Nehmen wir nur eure Mainstream-Medien. Es gibt zwar einige gute Nachrichtenquellen und einige gute Journalisten, aber wenn ihr euch das Gesamtbild anschaut, werdet ihr das niedrige Schwingungsniveau und die absichtliche Verzerrung der Wirklichkeit erkennen, die in einem großen Teil der Berichterstattung vorherrschen. Schaut euch das ruhig an, aber mit Bewusstheit – nicht blindlings und im Halbschlaf. Denn sonst nehmt ihr energetisch all das auf, was in den Massenmedien bewusst darauf abzielt, euch in einem schwachen, unterwürfigen Zustand zu halten. Schaut und lest mit wachen Augen. Beobachtet, wie ihr euch dabei fühlt.

Achtet auf manipulative Wortwahl, durch die sie euch einzureden versuchen, dass ihr euch auf eine bestimmte Weise fühlen sollt. Wie können sie es wagen, sich so in eure Souveränität einzumischen! Wacht auf und erkennt, wann ihr wirklich unterstützt werdet und wann man euch zu manipulieren und zu unterdrücken versucht.

DIANNA: Ich danke euch. Das ist sehr ermutigend. Es erinnert mich an etwas, das ihr einmal gesagt habt, als ihr über die Kunst der Transformation spracht. Da stelltet ihr Affirmationen für die Seele vor, die man zehn Minuten lang vor sich hin sagen soll, einmal am Tag, wenn man Zeit dafür hat. Eine dieser selbstermächtigenden Affirmationen, von der ich denke, dass sie viele von uns ansprechen wird, lautete: »Ich erlaube mir, alles zu fühlen. Ich erlaube mir, alles loszulassen. Ich erlaube mir, der Mensch zu werden, der zu sein ich hergekommen bin.«

DIE Z: Ja, und wir möchten, dass die Menschen darauf achten, *wie sie sich fühlen*, während sie das lesen. Einige von euch werden sich befreit und gestärkt fühlen. Aber einigen wird der Satz »Ich erlaube mir, alles zu fühlen« Angst machen. Sie befürchten, dass sie dann das Schlimmste fühlen werden und in Panik geraten. Wenn ihr so etwas als Reaktion erlebt, ist das eine gute, aufschlussreiche Information.

Fragt euch dann: »Gibt es Dinge in meiner Vergangenheit oder Gegenwart, die ich nicht fühlen will oder noch nicht gefühlt habe und denen ich deshalb ausweiche? Oder ist hier mein menschlich konditionierter Verstand am Werk, der versucht, mich vor möglicherweise zu heftigen Gefühlen zu schützen, indem er zu mir sagt: *Tu dies nicht, tu das nicht*?«

Aber angenommen, ihr lest den Satz »Ich erlaube mir, alles zu fühlen«, und euch wird klar, dass ihr dann höchste Glückseligkeit und Verbundenheit und wunderbares Wohlbefinden spürt, wie ihr es nie zuvor in eurem Leben erfahren habt? Wir sagen euch Folgendes: Ihr, die ihr das hier lest, verfügt bereits über einen auf hohem Niveau schwingenden Geist – vor allem wenn ihr schon unsere vorherigen Gespräche oder anderen Bücher gelesen habt. Wir weisen euch darauf ausdrücklich hin (und das ist sehr wichtig), weil auf den Satz »Ich erlaube mir, alles zu fühlen« bislang nur zehn Prozent von euch mit positiven, erhebenden Gefühlen reagieren. Nur zehn Prozent. Und ihr seid bereits eine hoch schwingende Gruppe.

Das ist kein Spiegelbild von euch allein. Das betrifft euren ganzen Planeten. Nur sehr wenige Menschen auf diesem Planeten sind frei von der Vorstellung, dass es schlecht und unangenehm wäre, *alles* fühlen zu können. Die meisten wurden darauf konditioniert, dass es Gefühle gibt, vor denen sie sich fürchten sollen. Und man hat euch nur sehr wenig darüber gelehrt, wie man gute oder hohe Gefühle kultiviert oder sich für sie öffnet. Wir meinen damit nicht hedonistische Hochgefühle. Die sind nur von kurzer Dauer. Wir meinen Frieden. Wir meinen anhaltendes Wohlbefinden. Wir meinen ein Gefühl der Offenheit und des erweiterten Bewusstseins.

Viele von euch praktizieren das inzwischen schon – mehr als jemals zuvor. Das ist wunderbar. Ihr praktiziert es durch Meditation. Ihr praktiziert es dadurch, dass ihr euer Gegenwartsbewusstsein trainiert. Ihr praktiziert es durch Heilungsarbeit. Ihr praktiziert es durch Musik. Ihr praktiziert es auf die unterschiedlichste Weise. Aber beachtet, dass ihr euch, um es zu kultivieren, jeden Tag konzentriert Zeit dafür nehmen müsst. Und selbst diejenigen, die viel in diesem Bereich arbeiten, verbringen vielleicht nur zwei oder drei ihrer sechzehn bis achtzehn wachen Stunden damit.

Den Menschen wird im Alltag nur sehr wenig Gelegenheit gegeben, sich geistig offen, hoch bewusst und wohl zu fühlen. Statt euch von dem, was wir gerade gesagt haben, deprimieren zu lassen, achtet vielmehr auf eure Reaktionen und versteht, dass jede emotionale Reaktion, die ihr auf irgendetwas habt, eure Überzeugungen nähren kann und dass eure Überzeugungen eure Fähigkeit zur Manifestation entweder behindern oder stärken. Achtet immer auf die Reaktion, die ihr spürt, wenn etwas in euer Bewusstsein tritt.

Nun möchten wir auf etwas zurückkommen, das wir vor einigen Minuten angesprochen haben: eure Rolle oder Aufgabe auf diesem Planeten. Nicht eure Rolle in dem Sinne, wie andere euch wahrnehmen oder wofür sie euch Komplimente machen. Nein. Wie gesagt, gehört ihr bereits zu den hoch schwingenden Menschen auf diesem Planeten. (Wenngleich wir euch gerade dargelegt haben, dass selbst ihr eine gewisse Grenze habt, wie viel Zeit ihr in Wohlbefinden oder Frieden oder geistiger Offenheit verbringen zu können glaubt – selbst ihr!) Ist euch denn wirklich schon klar, warum ihr gebraucht werdet? Und versteht ihr, wie ihr diese Qualitäten in euch und für euch selbst kultivieren und dann in die Welt ausstrahlen könnt? Das zu »begreifen« ist sehr wichtig. Vor allem diejenigen unter euch, die verzweifelt sind angesichts dessen, was der Planet gerade durchmacht, sollten nicht einfach nur dasitzen, zusehen und reagieren.

Werdet selbst zum benötigten Gegenmittel!

Das ist es, was ihr alle hier auf der Erde leben sollt, jetzt in dieser Übergangszeit. Ihr seid hier, um das Gegenmittel zu werden, von dem ihr glaubt, dass die Erde und die Menschen es brauchen.

DIANNA: Wenn es sich also bei der Menschheit um die Gesamtheit der Menschen auf Erden handelt, könnt ihr dann unser heutiges Gespräch damit beschließen, dass ihr uns erklärt, was genau ein Mensch eigentlich ist? Und gibt es auf dieser Erde vielleicht verschiedene Arten von Menschen?

DIE Z: Nun, die Menschen, die ihr heute seid, unterscheiden sich von den Menschen, die ihr vor einigen tausend Jahren wart, zum Teil wegen des Einflusses von Energetik, Zeit und kulturellen Faktoren. Aber auch, weil (wie wir euch schon sagten) die Erde sich derzeit in ihrem am stärksten expandierten Zustand seit dreitausend Jahren befindet. Die Schwingung der Menschheit hat eine Höhe erreicht, die auf diesem Planeten zuletzt vor dreitausend Jahren vorhanden war. Aber selbst damals, als diese hohen Schwingungen vorhanden waren, waren die unteren Schwingungsebenen der Erde viel niedriger als heute.

Wir hören, dass viele von euch darüber klagen, was derzeit auf der Erde vor sich geht. Aber wir möchten euch daran erinnern, dass viele von euch heute tatsächlich eine weitaus angenehmere Lebenserfahrung machen, als ihr sie während all eurer früheren Inkarnationen auf Erden erlebt habt. Wir verstehen, dass euch das seltsam vorkommen mag, denn ihr seid so sehr auf das fokussiert, was euch an der heutigen Situation stört.

> ***Aber in Wahrheit macht ihr auf der Erde gerade eine der größten Erfahrungen, die dem menschlichen Leben jemals möglich war.***

Wir sagen euch das, damit ihr euch auch wirklich darauf einlasst und es in eurem tiefsten Inneren zulasst.

Was die Menschen von heute betrifft, so sind sie »hybrider« als früher. Das heißt, es gab eine Zeit, in der die menschliche Dichte viel größer war und der menschliche Verstand und die Emotionen weniger offen waren – schon gar nicht multidimensional offen –, als das heute der Fall ist. Die Menschheit hat einen sehr langen Weg zurückgelegt, und ihr alle habt unterschiedliche Rollen gespielt. Einige von euch haben die Archetypen studiert, die ihr im Laufe der alten Geschichte kennengelernt habt, und ihr seid in der Lage, Archetypen in euch selbst und in eurem Umfeld zu erkennen. Ihr könnt sehen, dass ihr vielleicht ein bisschen mehr der Archetyp des Anführers seid, oder vielleicht seid ihr auch ein bisschen mehr der Archetyp des Unterstützers.

Aber wir möchten, dass ihr alle versteht, dass die Zeit, in der Archetypen ein guter Leitfaden für die Menschheit waren, vorbei ist. Sie sind immer noch wichtig und können immer noch einbezogen werden, aber ihr alle könnt heute viel mehr tun und werden, als jemals zuvor in der Geschichte der Menschheit. Vielleicht war es im 16. Jahrhundert nützlich, euren Archetyp zu verstehen. Aber zum jetzigen Zeitpunkt werden diejenigen von euch, die eine erweiterte Erfahrung als Seele machen, mindestens acht Archetypen durchlaufen, wenn auch vielleicht nicht alle auf einmal. Einige von euch werden einen Archetyp nach dem anderen durchlaufen, und ihr werdet bei jedem neuen Transformationszyklus einen neuen Archetyp verkörpern.

Es gibt sehr viele verschiedene Arten von Menschen, und es gibt noch mehr Seelenarten. Wie schon gesagt, belebt die Seele den Menschen, und es gibt jene Seelen, die als »Übermittler« auf der Erde sind. Sie mögen etwas elementarer sein, oder ihr nehmt sie als etwas »luftiger« wahr, etwas weniger festgelegt in ihren Gedanken und Verhaltensweisen. Aber in jedem Fall übertragen sie Energie. Wenn ihr in ihrer Gegenwart seid, fühlt ihr, dass ein starker atmosphärischer Strom durch sie fließt.

Dann gibt es diejenigen, die hier sind, um zu schmieden. Sie sind sehr erdgebunden. Sie sind fast wie Felsen. Sie sind die Art von Wesen, von denen man sagen könnte, dass sie »die Dinge vorantreiben«, aber oft sind sie nicht die, die hinausgehen und die

Arbeit selbst tun. Sie bringen nur das Element des Felsens und der Kraft, das in ihrem Energiefeld ist, zum Ausdruck. Daher tun sie sich oft mit Menschen zusammen, die gut darin sind, hinauszugehen und Dinge zu strukturieren, und ihre felsenartige Energie und Präsenz wirkt auf diejenigen, die versuchen, etwas zu erschaffen, und hilft dabei, es zu erden und zu stabilisieren.

Dann gibt es die Menschen, die wegen des Mystischen hier sind. Das können Menschen sein, die ihr privat oder öffentlich als Heiler, als Weise, als diejenigen kennt, die eine Brücke zwischen der Geistigen Welt und der Menschheit bauen.

Dann gibt es noch die Seelen und Menschen, die hier sind, um den *Körpern* der Menschen zu helfen. Man sieht oft, dass diese Menschen ins Gesundheitswesen gehen. Oft werden sie Naturheilkundige. Sie sind hier, um am und mit dem Körper anderer Menschen zu arbeiten. Dann gibt es die menschlichen Hüter, deren Aufgabe es ist, die Natur zu pflegen. Sie sind hier, um entweder die Natur zu reparieren, eine Stimme für die Natur zu sein oder mit der Natur in Einklang zu stehen. Und dann gibt es die Menschen, die hier sind, um mit dem Tierreich zu arbeiten.

Und so weiter und so weiter. Wir könnten noch lange so fortfahren. Wir könnten euch mehr als dreißig weitere Beispiele dafür geben, aber im Grunde geht es um Folgendes: Jede und jeder von euch hat mindestens vier bis acht solcher Neigungen. Auch wenn jemand nicht im Gesundheitswesen oder als Heiler arbeitet, kann doch seine vierte oder fünfte Neigung in diesem Bereich liegen. Vielleicht zeigt sich das bei euch dadurch, dass ihr vom Thema Gesundheit fasziniert seid. Für euch ist es möglicherweise eher ein Hobby, kein Beruf. Es gehört nicht zu den ersten zwei oder drei Dingen, deretwegen ihr hergekommen seid.

Vielleicht ist es für euch am wichtigsten, Eltern zu sein. Dann, für euch an zweiter Stelle, seid ihr Anwalt und helft mit eurer Arbeit, für mehr Gerechtigkeit zu sorgen, denn diejenigen, die

Jura studieren, sind immer an den Energien rund um Gerechtigkeit interessiert, einige mehr als andere. Manche mögen den Kampf für Gerechtigkeit. Andere wollen die Wahrheit ans Licht bringen und so mehr Gerechtigkeit schaffen. Und manche spielen gerne Gerechtigkeit. Ihr seht, in jedem einzelnen Bereich, zu dem Menschen eine archetypische Verbindung haben, gibt es viele Möglichkeiten, mit diesem Archetyp umzugehen.

Wenn wir euch also sagen, dass ihr erstens Eltern, zweitens Juristen und drittens Geliebte oder Partner sein könnt, dann meinen wir damit nicht nur Partner in einer Liebesbeziehung, sondern dass ihr gegenüber allen, denen ihr begegnet, Wärme und Intimität ausstrahlen könnt, die manche Menschen überraschen wird, weil sie diese Art von Intimität nicht einmal mit ihrem Ehepartner erleben. Wenn sie euch also begegnen, sind sie vielleicht irritiert, lehnen euch ab oder gehen auf Distanz.

Und eure vierte Neigung könnte die Gesundheit sein. In diesem Leben habt ihr euch entschieden, nicht im Gesundheitswesen zu arbeiten, aber ihr seid vom Thema Gesundheit fasziniert. Sie ist ein Hobby, eine Leidenschaft, und ihr sprecht mit anderen Menschen darüber. Ihr seht also, dass ihr alle viele verschiedene Archetypen in euch tragt. Und in der gegenwärtigen Phase eurer Menschheitsgeschichte werden die meisten von euch mindestens acht dieser Archetypen meistern und verkörpern.

Wir haben oft gesagt, dass es bei jedem erleuchteten menschlichen Wesen acht Bereiche der Meisterschaft gibt. Ein Bereich der Meisterschaft könnte die Beherrschung von Frieden und Diplomatie sein, ein anderer Bereich die Meisterschaft in der Musik. Die Liebe könnte für euch ebenfalls ein Bereich der Meisterschaft sein. Und sobald ihr diese acht Bereiche gemeistert habt, tretet ihr in das ein, was ihr »Erleuchtung« nennt.

Es ist ein bisschen wie das Freischalten von Levels in einem Game. Sobald ihr diesen harmonischen Kreis von acht archetypischen Bereichen in eurem Energiefeld aktiviert habt, beginnt ihr damit, aus einem erleuchteten Raum heraus zu leben und zu handeln, weil ihr mehr Teile eurer Seele zurückgewonnen und reaktiviert habt, als eure äußere menschliche Ausbildung in der Schule und anderen Einrichtungen es euch je ermöglicht hätte. Ihr habt nun eine höhere Ebene erreicht und seid erleuchtet. Ihr seid ins Licht eingetreten. Ihr lebt nun mehr in eurem eigenen Licht und im Licht der Existenz.

Wenn wir euch sagen, dass es euch in einen Zustand der Erleuchtung versetzen wird, diese acht Bereiche zu meistern, denkt daran, dass viele von euch eine sehr feste Vorstellung davon haben, was sie unter Erleuchtung verstehen.

Wir bitten euch daher, euch erst ein Urteil über diesen Zustand zu bilden, wenn ihr erleuchtet *seid*.

Ihr meint, es müsste bei euch so sein wie bei diesem oder jenem Menschen – dabei wird Erleuchtung bei jedem, der sie verkörpert, anders aussehen. Aber immer ist sie gekennzeichnet durch ein Gefühl des Fließens, des Friedens, des Wohlbefindens, verbunden mit der Fähigkeit, sehr schnell in eure Präsenz im Hier und Jetzt zurückzukehren, selbst wenn ihr diesen Zustand für eine gewisse Zeit verlassen habt.

Erleuchtung ist, wenn man das Licht des Lebens nicht sehr lange verliert. Man ist in der Lage, das Licht zu kultivieren, es stetig leuchten zu lassen und in die Welt auszustrahlen.

Wenn wir euch also sagen, dass ihr die Möglichkeit habt, acht Aspekte eures Menschseins in diesem Leben zu meistern, dann versteht, was wir damit zum Ausdruck bringen wollen. Es geht uns darum, dass ihr hier seid, um ein spirituell erleuchtetes Leben zu führen und diese Energie auf dem Planeten auszusäen.

DIANNA: Wie schön, von euch daran erinnert zu werden. Ich denke, wir sollten unser Gespräch heute an dieser Stelle beenden. Danke, ihr lieben multidimensionalen Seelen.

DIE Z: Einverstanden. Wir danken dir, Dianna, und allen, die sich an diesem Gespräch beteiligt haben, denn auch ihr, die ihr dies lest, seid ein Teil davon. Ha! »Wie soll das gehen?«, fragt ihr. »Wir waren doch gar nicht persönlich anwesend!« Nun, eigentlich wart ihr es! Denn wir haben für dieses Gespräch die kommenden fünfzig Jahre angezapft und gespürt, wer von euch vielleicht bestimmte Dinge hören möchte. Und Dianna hat das Gleiche getan, energetisch und medial. So entsteht die Verbindung zwischen uns und ihr und euch allen.

Wir werden jetzt etwas wiederholen, was wir schon einmal gesagt haben: Wenn ihr dieses Gespräch mehr als einmal lest, werdet ihr feststellen, dass ihr jedes Mal ein anderes Gespräch lest. Und wenn ihr das nicht so ganz versteht oder ihr dadurch ein wenig verwirrt seid, verraten wir euch das Geheimnis: Ihr hört multidimensional zu. Das heißt, ihr seid multidimensionale Wesen, die sich daran erinnern, dass das ihre eigentliche Realität ist. Und Gespräche wie dieses sind dazu da, diese Erinnerung in euch zu reaktivieren.

Gut. Frieden und Liebe für euch alle.

Großes Lob von Kollegen

»Lee Harris spricht für eine neue Generation von spirituell Suchenden – diejenigen, die wissen, dass man ihnen Halbwahrheiten erzählt hat und die Sinn und Tiefe in ihrem Leben finden wollen.«

– **Regina Meredith**, Autorin und Moderatorin auf *GaiaTV* –

»Lee Harris ist vielleicht der einfühlsamste, authentischste und fürsorglichste mediale Empath, den ich in meinem ganzen Leben getroffen habe.«

– **Mike Dooley**, Bestsellerautor von *Viele Grüße vom Universum* –

»Lee Harris ist eines der reinsten und stärksten Medien unserer Zeit.«

– **Kyle Gray**, Bestsellerautor von *Erwecke deine Energie* und *Engel-Zahlen* –

»Lee Harris und die Z haben die außergewöhnliche Fähigkeit, komplexe spirituelle Konzepte auf liebevolle und prägnante Weise zu vermitteln.«

– **Wendy Kennedy**, Bestsellerautorin von *Lebe in deinem eigenen Licht* –

»Lee Harris und die Z bringen uns bei, wie wir persönliches Glück, inneren Frieden und Wohlbefinden kultivieren.«

– **Sara Landon**, Bestsellerautorin von *Die Weisheit des Rates* –

»Lee Harris ist wirklich eines der wichtigsten Medien der Neuen Zeit.«

– **Pavlina Klemm**, Bestsellerautorin der Buch & CD-Reihe *Lichtbotschaften von den Plejaden* –

Fünftes Gespräch

Themen

- Die Reise des Gehirns, des Geistes und des Herzens.
- Die spiralförmige Natur universeller Informationen.
- Die Natur des niederen, mittleren und höheren Geistes.
- Die Prägung durch Selbstverurteilung.
- Die Verbindung der Seele mit dem Körper.
- Neue Technologien und die Verbindung zwischen Gehirn, Bewusstsein und Herz.
- Das Herz hat das Sagen – es ist Führer, Sonne, Kraftquelle.
- Die Herzenergie ist die derzeit wichtigste Ressource auf der Erde.
- Das Wesen des Einsseins in einem multidimensionalen Universum.

DIANNA: Willkommen zurück, ihr Lieben. Dies ist das fünfte Gespräch, zu dem wir uns treffen. Seid mir willkommen, ihr Seelen aus der neunten Dimension.

DIE Z: Sei auch du uns willkommen, Dianna. Es ist uns eine Freude, an einem weiteren dieser Gespräche mitzuwirken.

DIANNA: Heute möchte ich mich einer Frage zuwenden, auf die ich die Antwort bereits zu kennen glaube, weil ihr schon einmal darüber gesprochen habt. Ich möchte uns dazu auf eine Reise mitnehmen – auf die Reise von Gehirn, Bewusstsein und Herz. Wer hat das Sagen? Dabei möchte ich mir etwas Zeit nehmen, um besser zu verstehen, wie unsere höheren Kommunikationsfähigkeiten funktionieren. Können wir mit unserem Gehirn beginnen? Ich habe das Gefühl, dass wir kaum verstehen, wie unser Gehirn wirklich funktioniert. Als Kind dachte ich immer, es wäre ein riesiger Aktenschrank, in dem ich alles speichere, was ich gelernt habe. Aber später im Leben wurde mir klar, dass unser Gehirn nicht dieser begrenzte Raum ist. Ich glaube, das Gehirn ist eher ein Empfänger und Sender von Informationen und kommuniziert mit jeder Zelle im Körper, und auch jede Zelle sendet und empfängt Nachrichten. Können wir also darüber sprechen, was das Gehirn ist?

DIE Z: Nun, hier gilt es, mehrere Aspekte zu berücksichtigen.

Erstens ist das Gehirn (wie du schon sagtest) erheblich mehr, als man bisher angenommen hat. Das Konzept des Gehirns als Übermittler ist eine Tatsache, wenn es um mediale Informationen geht und um eure Fähigkeit, Verbindung zu eurer Umgebung aufzunehmen. Euer Gehirn ist in der Lage, Informationen, die von außen kommen, aufzunehmen und euch bei deren Verarbeitung zu helfen. Das ist der eine Teil. Aber das Gehirn hat eine noch viel bedeutendere Funktion: Es ist der Schlüssel für die Existenz des menschlichen Körpers.

Denkt an das Herz. Wir sprechen hier speziell vom Herzchakra, nicht vom Organ – von dem Herzchakra, das in der Mitte eurer Brust sitzt. In vielerlei Hinsicht ist es eure Seele.

Wenn ihr also wissen wollt, welcher Teil eures Körpers eure Seelenessenz am meisten repräsentiert, dann lautet die Antwort: das Herz – das Herzchakra.

Das ist der Ort, an dem das Einssein in euch allen wohnt. Deshalb sprechen viele von euch auch von ihrem Herzen, wenn es ihnen um Liebe, Fürsorge und das Gefühl der Verbundenheit geht. Das Herz ist das Zentrum in euch, das Verbundenheit erzeugt. Doch das Gehirn ist ebenso von entscheidender Bedeutung. Es steuert das Geschehen in eurem Körper weit mehr, als die Menschen erkennen oder wahrhaben wollen.

Wenn euer Gehirn aus dem Gleichgewicht gerät, bringt es auch alles andere aus dem Gleichgewicht. Man könnte sagen, das Gehirn ist das »Dritte Auge« des physischen Körpers, und es ist sogar noch mehr als das. Es steuert alle möglichen lebenswichtigen Körperfunktionen und erhält sie aufrecht. Das Gehirn und das Herz sind die wichtigsten Aspekte für einen Menschen, wenn es darum geht, mit der eigenen Seelenenergie und mit dem in Kontakt zu stehen, was wir als »Geist« oder »spirituelle Energie« bezeichnen würden.

Das bringt uns zu dem zurück, was wir schon die ganze Zeit sagen: Ihr seid mit allem, was ist, verbunden, doch eure menschliche Erziehung und Bildung hat euch von dieser Wahrheit abgekoppelt. Das Erwachen eurer Seele soll euch wieder mit dieser Wahrheit verbinden. Entsprechend dazu hat euer Gehirn das Potenzial, in den kommenden Jahrzehnten erheblich höhere Schwingungen zu erreichen. Außerdem hat es das Potenzial, weit mehr mit dem in Berührung zu kommen, was man als »das Mediale oder Paranormale« bezeichnen könnte, und zu einem noch sehr viel stärkeren Sender zu werden. Stellt euch euer Gehirn als euer Internetsystem vor. In eurem Inneren ist es der Ort, an dem ihr die Möglichkeit habt, auf so vieles zuzugreifen. Es ist euer Architekt. Ihr setzt die Architektur für euer Leben in Bewegung um, in Vorwärtsbewegung und Struktur, indem ihr die Kraft eures Gehirns nutzt. Das ist nur ein kurzer Abriss.

DIANNA: Habt vielen Dank für diesen Einblick. Wenn Gehirne aber Sender und Empfänger sind, woher kommen dann all diese Informationen und wohin gehen sie? Ich glaube, es ist genau, wie ihr sagt – die Technologie, die wir heute sehen, ist ein Abbild dessen, wie unser Gehirn funktioniert, wie das System funktioniert, wie unser Menschsein funktioniert. Und vom Standpunkt des Computers aus nenne ich es scherzhaft »das Bewusstseins-Web«. Manche Leute nennen es auch »das Feld«, »universelle Quellenergie«, »Einheit«, »der Eine Geist«. Woher kommen und gehen all diese Informationen?

DIE Z: Die Frage ist nicht, woher die Informationen kommen und wohin sie gehen, sondern: »Wie ist es möglich, dass ihr in eurer Mitte bleiben und all das durch euch hindurchströmen lassen könnt?« Uns ist bewusst, dass man aus einer linearen und einer menschlichen Perspektive heraus immer versuchen wird, den Anfang und das Ende von etwas zu verstehen, aber aus der Perspektive des Geistes gibt es keinen Anfang und kein Ende. Uns ist bewusst, dass das für euch wenig erhellend klingen mag. Wir wollen deine Frage auch keineswegs kleinreden oder unklar und schwer verständlich argumentieren, aber das ist einfach die beste Art und Weise, wie wir es euch beschreiben können.

Wir haben bereits gesagt, dass sich Energie in Spiralen bewegt und dass Zeit ein Kontinuum ist. Das geht so weit, dass wir euch nicht sagen können, wann die Zeit endet. Wir erleben hier unsere Version der Zeit, so wie ihr bei euch die eure. »Unsere« Zeit unterscheidet sich sehr von der Zeit, die ihr als Mensch erlebt, *aber wir können euch nicht sagen, wann sie endet.*

Was wir euch sagen können, ist, dass alles durch die Zeit reist, sich durch die Zeit hindurchbewegt, auch ihr.

Statt die Zeit also ganz und gar linear zu betrachten, bitten wir euch, sie ein wenig spiralförmiger zu sehen. Ihr seid energetisch eine Spirale, die sich durch zahllose Spiralen von universeller Information, Energie und Erkenntnis bewegt.

Dianna sprach über das Bewusstseins-Web, und wir möchten eure Aufmerksamkeit auf etwas lenken. Ja, das Internet ist auf der Erde eine sehr mächtige Kraft. In der Tat sagen wir euch, dass die Situation auf der Erde heute viel düsterer aussähe, wenn nicht zur rechten Zeit das Internet aufgetaucht wäre. Das Internet hat geholfen, den Verstand und in vielen Fällen auch die Herzen der Menschen auf der ganzen Welt zu öffnen. Vorher hatte man sozusagen Scheuklappen hinsichtlich dessen auf, was an anderen Orten vor sich ging.

Aber (und das ist wichtig zu verstehen) gerade jetzt gibt es, durch euer Internet, wieder die gleichen Versuche, euch zu manipulieren. Es wird versucht, eure Fähigkeiten der Interaktion mit dem Bewusstseins-Web einzuschränken und unter Kontrolle zu bekommen. Die Manipulation des Internets ist ein Spiegelbild für den Umgang mit eurem vernetzten Bewusstsein. Aber im gleichen Maß, wie das Bewusstseins-Web auf der Erde durch die Agenda jener, die nach Macht gieren, gestört wurde, ist das Internet zu einem neuen Schlachtfeld geworden, auf dem um Macht und Kontrolle gekämpft wird. Dabei geht es nicht zuletzt um Zensur. Sie ist ein zentrales Thema, das man bedenken und beachten sollte. Es ist wichtig, dass die Menschen bemerken, was zensiert wird und warum, und dass sie diesbezüglich Fragen stellen, statt sich einfach zu fügen oder traurig darüber zu sein, dass Themen unterdrückt werden und aus der öffentlichen Diskussion verschwinden. Fragt euch: »Warum geschieht das, wer steckt dahinter und wie lange geht das schon so?«

Wir haben vorhin bereits über die wachsende Bewusstheit und erhöhte Schwingung auf der Erde gesprochen, und wir möchten euch zweierlei über euer Internet sagen: Es wird ein aktualisiertes System geben. Und wir sehen, dass man ihm mit hoher Wahrscheinlichkeit in den kommenden Jahrzehnten einen anderen Namen geben wird. Man wird nicht mehr vom »Internet« sprechen. Es wird wichtig sein, den Namen anzupassen. Auch wenn es Bestrebungen gibt, das Internet gegen euch als Bevölkerung einzusetzen – so wie es schon seit Jahrhunderten immer wieder Versuche gibt, euer Bewusstseins-Web (euer spirituell verbundenes gemeinsames Bewusstsein) zu manipulieren. Aber viele dieser Bemühungen scheitern oder haben letztlich die genau entgegengesetzte Wirkung, weil die aus dem Herzen und dem erleuchteten Verstand kommende Macht der Menschen rasant wächst, und zwar gerade aufgrund ihrer Interaktion mit dieser Technologie. Wir meinen damit nicht, dass es die Menschen darüber informiert, was an anderen Orten auf dem Planeten vor sich geht.

Auch das ist wichtig, aber uns geht es um etwas, das euch als Volk oft gar nicht bewusst ist, nämlich wie sich bei euch allen die Art und Weise verändert, wie ihr Informationen wahrnehmt, empfindet und verarbeitet. Und wenn wir »Informationen« sagen, schließen wir Emotionen und Sinneserfahrungen mit ein. Wir meinen damit nicht nur Fakten und Worte.

Wir bringen das zur Sprache, weil das Internet eine der mächtigsten Kräfte für Veränderung ist, die euch aktuell zur Verfügung stehen. Das Internet wird sich nicht schnell oder auf dramatische Weise verändern, aber es wird (mit der Zeit) einer Überholung unterzogen werden, so wie viele andere weltweit genutzte Systeme auch. Und wenn ihr alle beschließt, dass es an der Zeit ist, einiges von dem, was euch zur Verfügung gestellt wurde, zu aktualisieren, während ihr in den nächsten ein bis zwei Jahrzehnten durch diese großen Veränderungen auf der Erde geht, dann werdet ihr sicherlich auch einige Namen für eure Technologien und Netzwerke aktualisieren, modifizieren oder neu erschaffen wollen (denn Namen besitzen Macht und Schwingungsenergie). Es ist doch wichtig, dass ihr eure Technologien in Einklang mit dem höheren Bewusstsein bringt, das zukünftig existieren wird, statt dass sie weiterhin an das niedrigere Bewusstsein gebunden bleiben, mit dem ihr es derzeit zu tun habt.

Als wir im letzten Gespräch auf die Manipulation durch die Massenmedien eingingen, baten wir euch, darauf zu achten, wenn ein Artikel, den ihr lest, in euch bestimmte Gefühl zu wecken versucht oder euch suggeriert, welche Meinung ihr zu einem bestimmten Thema haben sollt. Das ist eine Einmischung in das universelle Gesetz. Das universelle Gesetz erlaubt euch als souveräne Wesen, frei zu sein, eure eigenen Erfahrungen zu machen und eure eigene Sicht der Dinge zu haben. Manipulative Worte werden dazu benutzt, die Aufmerksamkeit und Schwingungsfrequenz der Uneingeweihten in eine energetische Abwärtsspirale zu lenken. Und mit »uneingeweiht« meinen wir einfach diejenigen unter euch, die nie über das nachgedacht haben, was wir euch hier mitteilen, oder denen man nie beigebracht hat, diese Aspekte eurer Wirklichkeit zu berücksichtigen.

Deshalb sagen wir, dass man bestimmte Dinge umbenennen wird. Bestimmte Bereiche oder Aspekte eurer Gesellschaft tragen heute Namen, von denen eine sehr niedrige Schwingung ausgeht (und zwar absichtlich), damit die Menschen glauben, das wäre alles, was für sie in dieser Welt möglich und erreichbar ist. Eine der größten Krankheiten eurer Zeit, eines der größten Hindernisse, das eurer Selbstermächtigung gegenwärtig im Weg steht, besteht darin, dass ihr als Volk nicht erkennt, welches Potenzial individuell und kollektiv in euch steckt. Und glaubt uns: Das ist nicht eure Schuld. Das ist von anderer Seite so gewollt. Es ist in das System einkodiert worden.

Man hat euch beigebracht, alles als »verrückt« oder »verschwörerisch« einzustufen, das nicht dem Mainstream-Narrativ entspricht. Der Kampf gegen die Hexen zum Beispiel hatte sehr wenig mit Hexerei zu tun, aber sehr viel damit, Frauen unter Kontrolle zu halten, die den Eliten zu mächtig wurden – Frauen, die ihre eigene Macht entdeckten und anfingen, von den Männern einzufordern, dass diese göttlicher und spiritueller werden sollten. Nicht nur, dass viele dieser Frauen gefoltert und oft ermordet wurden (ebenso wie einige Männer, die in das verwickelt waren, was als »Hexerei« gebrandmarkt wurde), sondern es wurde auch eine sehr düstere Erzählung über die Hexerei geschaffen, um den Menschen Angst vor Hexen und deren angeblichen Taten zu machen. Und Frauen wurden durch das Morden davon abgeschreckt, selbst Hexen zu werden.

Diese Manipulation geschah durchaus sehr subtil. Nur wenige Menschen treten einen Schritt zurück und erkennen, dass dieses und ähnliche Kapitel eurer Geschichte die Ursache sind, warum ihr Angst davor habt, einen lichtvollen Zauber oder das, was ihr dafür haltet, zu praktizieren, und auch Angst vor der Kraft und Macht habt, die ihr durch solche Praktiken in euch entdecken und freisetzen könntet. Das Ergebnis ist, dass ihr diese euch innewohnenden Kräfte und Fähigkeiten unbewusst blockiert, und zwar aufgrund von Ahnenerinnerungen daran, dass viele Menschen, von denen behauptet wurde, sie praktizierten die »Schwarze Kunst«, ermordet wurden. Und bedenkt, dass euer animalischer Teil stark darauf fokussiert ist, auf Angst und mögliche Gefahren zu reagieren. Wenn in Menschen die Angstenergie geweckt wird, verlieren sie den Kontakt zu ihrem rationalen Verstand. Sie hören dann auf, ihren Verstand zu gebrauchen (das nimmt Bezug auf deine ursprüngliche Frage, Dianna), und verlieren den Kontakt zur spirituellen Wahrheit. Sie hören nur noch auf ihre niedrigsten Gefühle und lassen sich davon leiten.

Deshalb ist das Schwingungsniveau so wichtig. Wir wissen, dass viele von euch, die schon lange spirituelle Schüler sind – erwachte, bewusste Suchende –, es etwas langweilig finden, von uns oder anderen ständig gesagt zu bekommen, dass ihr eure Schwingung erhöhen sollt. Es fühlt sich an wie ein Job oder wie Hausaufgaben. Es ist ein bisschen so, als würde man euch sagen, ihr sollt euch sechsmal am Tag das Gesicht waschen! Aber es gibt einen Grund, warum wir euch das sagen …

Schwingung ist alles.
Welche Welt ihr für euch selbst und andere erschafft, hängt davon ab, welches Schwingungsniveau ihr erreicht und kultiviert.

Die Welt wird nicht in niedrig schwingendem Denken oder Fühlen festgehalten. Stellt euch vor, welches Potenzial freigesetzt wird, wenn all diese hoch intuitiven Gehirne und Herzen spirituell »online gehen« und sich wieder mit ihrem Geist verbinden. Die Menschheit hat das Potenzial, auf ganz tiefgreifende, machtvolle Weise zu erwachen. Und langsam aber sicher manifestiert sich nun diese enorme Kraft. Wir wissen, diese Zeiten sind für euch ein wenig, sagen wir, »unruhig« und schwierig zu navigieren, zumal wenn ihr mitansehen müsst, wie bestimmte Menschen von einigen dieser niedrig schwingenden Heimsuchungen befallen werden (und zwar oft Menschen, die sich dessen glücklicherweise nicht bewusst sind). Das ist eine Herausforderung für euch, ja. Aber versteht, dass die Menschheit in dieser Zeit mächtiger ist als diese niederen Absichten. Und die Menschheit ist in dieser Zeit nicht auf sich allein gestellt. Die Erhöhung des Bewusstseins ist real, und das Bewusstsein eines jedes menschlichen Wesens wird dabei mit angehoben.

DIANNA: Ich danke euch für diese Erklärung. Wenn wir schon beim Thema Gehirn/Bewusstsein sind, könnt ihr uns dann auch gleich erklären, was das Bewusstsein ist? Ihr habt erwähnt, was passiert, wenn wir unseren rationalen Verstand verlieren. Aber was ist eigentlich der Verstand, was ist Bewusstsein?

DIE Z: Nun, wir möchten es euch so nahebringen: Ihr habt ein niederes Bewusstsein und ein höheres Bewusstsein. Und natürlich gibt es alles, was dazwischen liegt, aber wir werden es in diesen Begriffen ausdrücken, weil es so am einfachsten zu verstehen ist. Stellt euch euer Bewusstsein als Lichttheater oder Kinoleinwand vor und das Gehirn als Projektor. Das Bewusstsein ist der Ort, an dem ihr die projizierten Gedanken, Gefühle, Erinnerungen und Bilder empfangt. Es ist ein bisschen so, als würdet ihr jeden Tag den Film eures Lebens abspielen. Manchmal erinnern der Film und sein Soundtrack an vergangene Momente, die schwierig oder freudig waren, und lassen sie wieder aufleben. Und manchmal ist euer Bewusstsein offener für Neues.

Wenn ihr euch im niederen Bewusstsein befindet, neigt ihr dazu, euch hauptsächlich mit negativen Gedanken und Gefühlen aus der Vergangenheit zu beschäftigen. Wenn ihr dagegen im höheren Bewusstsein seid, seid ihr offen und fähig, viele dieser niederen, vergangenen, schweren Gedanken und Gefühle umzuwandeln, und ihr seid bereit, euch vom Jetzt berühren zu lassen, bereit, euch mit dem Jetzt zu verbinden.

Das Bewusstsein kann in vielerlei Hinsicht als Aurafeld betrachtet werden. Stellt euch vor, ihr hättet einen Menschen vor euch und könntet das Gehirn in seinem Kopf sehen. (Wir wissen, das ist etwas ungewöhnlich, aber denkt daran, dass es sich um eine visuelle Übung handelt.) Nun stellt euch das Bewusstsein als ein Aurafeld vor, das die obere Hälfte des Kopfes umgibt. Dies ist der Ort, wo sich eure Träume, Wünsche, Ängste und Hoffnungen abspielen. Sie interpretieren in gewisser Weise für euch, was gerade in eurem Leben geschieht und welchen Weg ihr einschlagen wollt. Der Verstand, die Vernunft als Teil eures Bewusstseins, ist für euch ein sehr wichtiger Wegweiser.

Wir werden euch hier ein Beispiel für das »höhere Bewusstsein« geben: Lee ist, wie viele auf der Erde, die intuitiv oder offen für ihre gechannelten Wesenheiten und Führer sind, in der Lage, sehr schnell einen Zugang zu seinem höheren Bewusstsein herzustellen. Das bedeutet aber nicht, dass er immer in diesem Bewusstsein lebt. Er hat auch sein niederes Bewusstsein und sein mittleres Bewusstsein, genau wie ihr alle, denn er muss sich durch alle Ebenen seines Seins arbeiten. Aber das höhere Bewusstsein ist der Ort, an dem ihr euch für höhere Informationen, höhere Intuition öffnen könnt. Und denkt daran: Wenn wir von »höher« sprechen, meinen wir nur »verbunden«. Ihr denkt oft an das höhere Bewusstsein als diesen einzigartigen Ort, der über eurem eigenen alltäglichen Bewusstsein schwebt und mit niemandem sonst etwas zu tun hat.

Wir haben euch erklärt, dass wir achtundachtzig Wesen sind, die mit den Weiten des Universums verbunden sind, und Lee wiederum verbindet sich mit uns. Einige von euch mögen sich diese Channeling-Erfahrung, die er macht, als ziemlich linear vorstellen. Ihr hört einer Gruppe von Führern zu, die durch Lees Körper mit euch kommunizieren. Natürlich, so kann man es sehen, und so funktioniert es ja auch, aber in Wahrheit seid ihr Zeuge, wie jemand, Lee, sein Bewusstsein in ein größeres Bewusstsein ausdehnt. Ist das nicht faszinierend?

Es wäre für Lee oder für jeden von euch zu diesem Zeitpunkt der Geschichte schon ein wenig seltsam, wenn es nicht eine Gruppe von Führern gäbe, die euch ein höheres Bewusstsein vermitteln würden. Vergesst nicht, dass ihr euch immer noch mit dem Körper, der Individualität und der Verbundenheit identifiziert. Aber es kann eine Zeit in der Menschheitsgeschichte kommen, in der ihr direkten Zugang zum höheren Bewusstsein habt, ohne den Filter geistiger Führer, deren Botschaften gechannelt werden. Dann werdet ihr einfach mit allem, was existiert, verbunden sein, ohne irgendeine Brücke. Wir sagen nicht, dass der eine Weg besser ist als der andere, versteht das bitte. Wir vermitteln euch nur ein größeres Bild von der ganzen Sache.

Sind Bewusstsein und Gehirn eng miteinander verbunden und arbeiten sie harmonisch zusammen? Ja. Aber stellt euch das Bewusstsein als Projektionsfläche vor, die es im Gehirn nicht gibt. Das Gehirn verfügt nicht über die Ebene der Wahrnehmung des Aurafeldes. Stattdessen projiziert und überträgt das Gehirn diese Bilder und Gedanken in das Aurafeld über eurem Kopf und um ihn herum – eben in das Bewusstsein. Aber euer Bewusstsein kann sich darüber hinaus nach oben und in alle anderen Richtungen mit allem verbinden. Seid ihr also im höheren Bewusstsein, könnt ihr weit über eure Programmierung hinaus Verbindungen herstellen.

Wenn ihr euch im niederen Bewusstsein befindet, arbeitet ihr in der Regel im Rahmen dessen, was euch antrainiert und einprogrammiert wurde. Es besteht keine Notwendigkeit, in das niedere Bewusstsein zu gehen, solange ihr euch nicht mit der Vergangenheit beschäftigt. Wir wissen, dass das einige von euch verwirren wird, weil ihr denkt: »Kann ich nicht einfach in der Gegenwart ein bisschen traurig sein und Gefühle haben, die in der Gegenwart existieren?« Nun, nicht wirklich, denn diese Gefühle stammen von euren menschlichen Vorfahren.

Nehmen wir an, ihr erlebt eine echte gegenwärtige Erfahrung von Traurigkeit, die ihr nicht in eure persönliche Geschichte in dieser Inkarnation einordnen könnt – zum Beispiel könnt ihr euch nicht daran erinnern, wann ihr euch zuvor so traurig gefühlt habt oder was der Auslöser war. Macht euch klar, dass es sich hierbei sehr oft um uralte emotionale menschliche Programmierungen handelt, die ihr durchspielt und zu klären versucht. Es ist etwas, in das ihr hineingeboren wurdet, und nicht etwas, das ihr in diesem Leben durch euren Körper erfahren habt.

Viele von euch sehen ihren Körper als Träger dieser Informationen an. Wir würden sagen, dass normalerweise 20 bis 25 Prozent eurer Ahnenerinnerungen im Körper angesiedelt sind. Der Rest sind erlernte energetische Informationen, die ihr speichert, während ihr eure Inkarnation durchlauft. Selbst wenn ihr eure leiblichen Eltern nicht kennt, tragt ihr dennoch eine gewisse Prägung in euch. Aber sobald ihr inkarniert seid, haben in euren ersten Lebensjahren die Menschen in eurem Umfeld den größten Einfluss auf euch, und zwar nicht nur sie als Menschen, sondern auch das, was sie selbst in sich aufgesogen und womit sie gearbeitet haben. Kein Mensch ist wirklich ein Individuum. Das zu akzeptieren, fällt manchen von euch besonders schwer.

DIANNA: Ich danke euch. Angesichts der Begrenztheit unserer Sprache finde ich, dass dies eine ausgezeichnete Einführung für zukünftige Gespräche mit euch zum Thema Bewusstsein, Körper und Herz ist, und ich weiß das zu schätzen.

Ihr sprecht von diesem niederen Bewusstsein, dem höheren Bewusstsein und dem mittleren, und ich weiß, dass es sich dabei nur um ein Paradigma handelt, das wir hier zu erschaffen versuchen, ein Bild. Wenn Lee und ich mit Menschen arbeiten, konzentrieren wir uns sehr darauf, sie dazu zu bringen, die Faktoren zu verstehen, durch die sie motiviert werden (vieles von dem, was ihr gerade erklärt habt – manches ererbt, manches in diesem Leben erlernt): ihre Gedanken, ihre Überzeugungen, ihre Wahrnehmungen. Und jetzt sagt ihr, das niedere Bewusstsein könnte der Ort sein, wo die Menschen an den Dingen festhalten, die sie am Aufstieg ihres Bewusstseins hindern. Wenn wir mit jemandem arbeiten, wäre es dann doch hilfreich, wenn wir zu ihm sagen: »Trennen wir das niedere Bewusstsein vom höheren«, nur um ihm gewissermaßen ein Gefühl der Freiheit zu geben? Dann könnte er seine Überzeugungen und Wahrnehmungen, an denen sein niederes Bewusstsein festhält, von einem objektiveren und sich zugleich sicherer anfühlenden Standpunkt aus betrachten. Wie könnten wir mit diesem Bild, das ihr uns gerade gegeben habt, arbeiten?

DIE Z: In der Tat wäre es für die meisten Menschen ein hervorragender Leitfaden, ihnen diese Art von Maßstäben und dieses Verständnis zu vermitteln, weil sie das in die Lage versetzt, die Veränderungen in ihrem Bewusstsein nachzuvollziehen. Die Menschen auf der Erde haben nämlich Freude daran, wenn man ihnen solche Strukturen und Maßstäbe an die Hand gibt. Es gibt ihnen die Möglichkeit, ihre Fortschritte zu messen, was gut ist. Aber ihr müsst vorsichtig sein, wenn ihr ihnen so etwas zum ersten Mal präsentiert. Berücksichtigt dabei, wie sehr sich die Menschen aufregen, wenn sie anfangen, das Prinzip zu verstehen: »Okay, ich habe ein niederes Bewusstsein, und ich habe ein höheres Bewusstsein.« Beobachtet, wie wütend sie auf sich selbst werden, wenn ihr ihnen vom niederen Bewusstsein erzählt und ihnen zum ersten Mal klar wird, dass dieses Bewusstsein existiert. Denkt daran, dass Selbstverurteilung auf der Erde sehr verbreitet ist. Doch das sollte es nicht. Selbstverurteilung ist etwas, das euch eingepflanzt wurde, um euch klein zu halten, aber leider sind sich noch nicht genug Menschen auf diesem Planeten dieser Kraft bewusst, die euer Urteilsvermögen und euer Potenzial beeinträchtigen kann.

Achtet darauf, wie die Leute auf die Vorstellung reagieren, dass sie ein niederes Bewusstsein haben, und versucht, sie aus dem negativen Denken herauszuholen, das damit einhergeht. Zum Beispiel sind eure Füße der niedrigste Teil eures menschlichen Körpers, aber wie würdet ihr euch ohne eure Füße in der Welt bewegen? Daran seht ihr, dass das Niedere nicht unbedingt schlecht ist. Aber diese niedere Ebene ist es, wo ihr euch einfangen lasst. Es ist sehr schwer, jemanden einzufangen, wenn das höhere Bewusstsein aktiv ist, aber in den niederen Bereichen lassen sich die Menschen leicht einfangen, weil die hohe Dichte dort, die starke Schwerkraft, die Menschen nach unten zieht. Aber – und das ist sehr wichtig für alle, die lesen oder hören, was wir hier sagen: Das Niedere ist wichtig für die Reinigung der Erde.

Viele von euch denken, dass ihr hierher kommt, um eine höhere Ebene zu erschaffen. Und ja, das ist wahr, aber ihr tut dies auch dadurch, dass ihr euch aktiv mit der niederen Ebene auseinandersetzt und dort für Reinigung und Klarheit sorgt.

Wir verstehen, dass sich das Höhere vielleicht schöner oder besser anfühlt als das Niedere, besonders für diejenigen unter euch, die (wie wir es nennen würden) halb im und halb außerhalb des menschlichen Körpers leben. Das heißt, eine Hälfte von euch ist im menschlichen Körper, weil ihr dort sein müsst, aber die andere Hälfte von euch ist mächtig sauer, dass ihr euch überhaupt inkarniert habt. Vielen von euch geht diese Geschichte durch den Kopf. Wir sagen euch noch einmal, dass ihr mit diesem Urteil vorsichtig sein solltet, weil ihr wieder etwas als »falsch« und etwas anderes als »richtig« abstempelt. Für euch menschliche Wesen ist es schwierig, euch von diesen Paradigmen zu befreien. Aber es sind wichtige Paradigmen.

Viele von euch werden sich jetzt denken: »Moment mal. Es ist aber nicht nett, eine niedrige Schwingung zu leben und dadurch etwas Falsches zu tun. Nehmen wir den Mord. Jemanden zu ermorden ist doch ganz sicher falsch!«

Wir würden dazu sagen, dass Mord ein Akt von sehr niedriger Schwingung ist. Es ist ein Akt der Gewalt, des Krieges und der Aggression. Manchmal leben Menschen so etwas aus. Und wenn wir euch alle auf Herz und Nieren prüfen würden, in Bezug auf eure inkarnierten Leben, wären einige von euch entsetzt über die Dinge, die sie in anderen Leben getan haben. Ihr wäret entsetzt, weil ihr sie aus dem Jetzt heraus beurteilt.

Aber versteht, dass ihr euch alle im Laufe der Leben durch einen Energiezyklus bewegt habt. Nochmals, es ist sehr schwer für uns, dies anzusprechen, ohne dass ihr euch daraufhin in eurem menschlichen Netz des Urteilens verfangt.

Also, Dianna, zurück zu deiner Frage der unterschiedlich hohen Schwingungen. Wäre es gut, sie jemandem zu stellen? Auf jeden Fall. So ermutigst du die Menschen dazu, den Energieozean wahrzunehmen, der sie jeden Tag durchströmt.

Das ist das Stärkste, was ihr tun könnt – euch eurer Höhen und Tiefen bewusst werden. Nicht die Tatsache zu beurteilen, dass es Tiefs gibt – das ist eine Falle –, sondern euch eurer Hochs und Tiefs bewusst zu werden und zu wissen, wann der richtige Zeitpunkt für eine Entscheidung gekommen ist.

Wenn ihr viele Entscheidungen trefft, während ihr ein Tief durchmacht, und schließlich merkt, dass sie katastrophale Folgen haben, dann lernt daraus: »Ach, ich sollte keine Entscheidungen treffen, wenn ich in diesem Zustand bin. In diesem Zustand muss ich mich heilen, mich beruhigen, mich ausruhen.« Ihr alle lernt, euren Weg zu gehen, während ihr voranschreitet.

Wir freuen uns, dass du das ansprichst, Dianna, denn es ist wichtig, den Menschen Wege zu zeigen, wie sie sich der Energiewelle, die durch sie fließt, bewusster werden können, und wie sie besser mit ihr arbeiten können, indem sie sich ihrer bewusst werden.

DIANNA: Eure Ausführungen sind sehr hilfreich. Während der letzten dreißig Jahre habe ich mich in meiner Arbeit darauf konzentriert, Menschen dabei zu helfen, die Geschichte, die sie sich selbst erzählen, und die Geschichte, die sie manifestieren, zu betrachten. Dazu müssen sie sich mit dem auseinandersetzen, was wir gerade angesprochen haben – ihre Überzeugungen, ihre Wahrnehmungen und so weiter. Sie müssen sich ihrer Geschichte wirklich bewusst werden und erkennen, dass sie die Macht haben, diese Geschichte zu verändern.

Dabei stoßen sie auf viele Blockaden und Hürden. Es gibt oft große Widerstände, die eigene Geschichte loszulassen, weil sie sich sicher anfühlt. Aus meiner Perspektive, wenn ich diese Menschen beobachte, mag es eine Geschichte sein, die mir schädlich für sie erscheint. Aber für sie ist es manchmal viel beängstigender, die alte Geschichte aufzugeben und Verantwortung für eine neue zu übernehmen. Ich weiß es deshalb zu schätzen, dass ihr mir ein neues Modell an die Hand gebt. Modelle sind nie perfekt. Aber manchmal spricht ein anderes Modell jemanden auf eine Weise an, wie es das bisherige Modell nicht vermochte. Und für Therapeuten, aber auch für jemanden, der nur für sich selbst arbeitet, könnte es Spaß machen, mit genau diesem Gedanken zu spielen. Ich weiß das also wirklich zu schätzen.

DIE Z: Und wir wissen es zu schätzen, dass du den Gedanken ansprichst, die Menschen könnten Angst vor ihrem höheren Geist und ihren höheren Schwingungen haben. Hier gilt, was wir über die Ausbildung auf der Erde gesagt haben, über Bequemlichkeit und über das, wie wir es nennen, euch eingeimpfte »Muster«, das dazu dient, euch als Volk in niedrigen Schwingungen gefangen zu halten. Aber es spielt auch durchaus die Angst eine Rolle, die euch in Bezug auf eure persönliche Verbindung zur Geistigen Welt eingeflößt wurde – Manipulationen, die euch davon abhalten sollen, euch mit Magie zu beschäftigen und mit der Möglichkeit, dass andere Reiche existieren, von denen ihr ein Teil seid. In dieser Hinsicht habt ihr alle keine gute Schulung erhalten. Und wenn ihr diesbezüglich gar nicht oder nur schlecht ausgebildet wurdet, wie sollt ihr dann (um deine Worte zu gebrauchen, Dianna) geeignete Vorbilder oder Mentoren finden, die euch helfen können, das zu werden, was ihr tief drinnen zu sein wünscht? Wenn man also alles ausblendet, was Menschen über ihre höheren Erfahrungen, ihren höheren Geist berichten, dann halten sich die meisten von euch an das, bei dem sie sich sicher fühlen. Noch mehr allerdings halten sie sich an das, wodurch sie traumatisiert wurden.

Aber was ist das für eine Energie, die Traumata erschafft? Es ist eine sehr magnetische Energie, ein Energiefeld, das die Menschen an ihrem Platz festhält. Obwohl auf dem Planeten in den letzten Jahrzehnten das Bewusstsein für traumatische Erfahrungen erheblich gewachsen ist, fehlt es immer noch an Wissen darüber, wie ein Trauma den Körper einschränkt und fesselt, so dass er sich nicht mehr so weiterentwickeln kann wie vorgesehen. Und wenn wir »der Körper« sagen, meinen wir in diesem Fall auch die Seele. Heutzutage, wo ihr mehr über traumatische Erfahrungen wisst, wird das Thema dadurch für euch etwas unangenehmer.

Wenn ihr dann noch Aspekte wie Scham, Selbstverurteilung, Selbsthass und Tabuisierung mit einbezieht, wird das Trauma zu einem Rezept für Zerstörung. Denn wenn den Menschen beigebracht wird, bei allem, was sie traumatisiert, diese negativen Gefühle zu spüren, sich für ihre niederen Schwingungen zu schämen und nicht mit anderen darüber sprechen zu dürfen, bleiben die Menschen gefangen.

Deshalb beschäftigt sich das, was ihr »Heilungsarbeit«, »Heilungsworkshops« oder »Heilungsaktivitäten« nennt, zu einem großen Teil mit der Loslösung von den unteren Dimensionen. Und das ist auch gar nicht verkehrt. Viele von euch nehmen mit der Erwartung an Heilungsseminaren teil, sich von diesen unangenehmen Aspekten befreien zu können. Dagegen ist gar nichts einzuwenden, und wir verurteilen niemanden, der das tut oder getan hat. Es ist normal. Es ist Teil eurer Kultur.

Wenn ihr diese niederen Schwingungen abwerft, macht ihr einfach nur Platz für die höheren, die dann zu euch kommen können.

In dieser Phase der Menschheitsgeschichte gehört es deshalb zum Klügsten, was ihr tun könnt, daran zu arbeiten, die niederen Aspekte in euch zu beseitigen. Es ist ein wenig »modischer« oder, wie wir sagen würden, »angenehmer«, an der Entwicklung eures höheren Aspekts zu arbeiten, und wenn ihr euch damit verbindet, kommt ihr mit einem viel höheren und weiträumigeren Selbstbild in Kontakt, was wunderbar ist. Das ist die Signatur eures Zuhauses. Ihr könnt auf eine kraftvollere Weise als jemals zuvor ins Einssein zurückkehren. Je mehr ihr das Training und die in eurem Körper gespeicherte Energie zutage fördert, die, wie wir sagen würden, dort implantiert wurden, um euch klein und in den niederen Schwingungen zu halten, desto mehr schafft ihr Raum, um das Höhere hereinzulassen. Diese Arbeit, das Niedere aus dem Weg zu räumen, ist demnach das, was einige von euch »Gottes Werk« nennen würden.

DIANNA: Wenn die Seele niemals urteilt und die Prägung durch die Selbstbeurteilung, die wir in uns tragen, uns von unserer Seele fernhält, woher kommt dann diese Prägung durch die Selbstbeurteilung, und möchtet ihr heute noch etwas darüber sagen, wie wir sie überwinden können?

DIE Z:

Selbstbeurteilung führt euch immer wieder in die Trennung. Sie trennt euch von euch selbst oder von anderen Menschen.

Wenn ihr über einen anderen urteilt, trennt ihr euch von ihm. Ihr zeigt mit dem Finger auf ihn oder beurteilt sein Verhalten und erzeugt dadurch Getrenntsein zwischen euch und diesem Menschen, weil euch nicht gefällt, womit ihr in Resonanz gegangen seid, nämlich dessen niedriger Schwingung. Was wir damit meinen, ist, dass Menschen oft einen Aspekt von jemand anderem verurteilen, bei dem ihnen noch nicht bewusst geworden ist, dass sie ihn selbst auch in sich tragen. Zum Beispiel: »Oh, ich kann meine Freundin Jennifer nicht ausstehen. Sie ist so hartherzig zu anderen.« Aber was tut ihr in Wahrheit, wenn ihr sagt: »Ich kann meine Freundin Jennifer nicht ausstehen. Sie ist so hartherzig zu anderen«? Es handelt sich um eine sehr unbewusste Form der Verurteilung, bei der euch die offensichtliche Parallele zwischen dem Verhalten, das ihr bei anderen kritisiert, und eurem eigenen Verhalten gar nicht auffällt. Ihr fühlt euch dem Menschen, den ihr kritisiert, überlegen, ohne zu realisieren, dass ihr euch selbst auf dem gleichen niedrigen Schwingungslevel befindet.

Manchmal kommt das Urteil aus dem Herzen. Ihr mögt kein Leid, keinen Schmerz, und wollt ganz sicher nicht, dass jemandem, den ihr liebt, Leid zugefügt wird. Man sieht das oft bei Eltern. Es kann für Eltern sehr schwer sein, jemandem zu vergeben, der ihr Kind verletzt hat, weil sie es auf sich genommen haben, das Kind zu beschützen.

Die Begrenzung der elterlichen Verantwortung ist schwierig, denn ab dem Alter von zwölf bis vierzehn Jahren können Eltern ihr Kind nicht mehr so wirksam beschützen, es beginnt, energetisch in die Welt hinauszugehen und in größerem Umfang eigene Erfahrungen zu machen. Die Kinder werden sozusagen von der Welt angelockt, um die Lektionen zu lernen, die sie lernen müssen, nicht nur wegen der Lektionen ihrer Eltern und ihrer Familie, die sie zu heilen versuchen oder über die sie hinauswachsen wollen, sondern auch, weil sie mit ihrer eigenen Mission, ihrer eigenen Seelenprägung und ihren eigenen Lernbedürfnissen hierher gekommen sind.

Eltern, die es schaffen, jemandem, der ihr Kind verletzt hat, wahrhaft zu vergeben, haben bereits einen höheren Bewusstseinszustand erreicht. Wir sagen damit nicht, dass Eltern, die das hier lesen und sich hin- und hergerissen fühlen, weil sie gerade mit diesem Thema zu tun haben und nicht vergeben können, es hinnehmen sollen, dass jemand ihrem Kind Schmerz zugefügt hat – ganz und gar nicht. Darum geht es nicht.

Aber wenn ihr jemanden, der euer Kind verletzt hat, verurteilt, angreift oder euch an ihm rächen wollt, bleibt ihr in der Rolle der Eltern eines Kleinkindes gefangen.

Eure Verantwortung sollte sich ständig weiterentwickeln, während das Kind heranwächst, vor allem, wenn es die Teenagerjahre erreicht und schließlich volljährig wird.

Damit ihr für eure heranwachsenden Kinder echte Verbündete, Freunde und Beschützer sein könnt, ist es sehr wichtig zu verstehen, dass sie euch nicht gehören. Sie gehören euch nicht. Es ist nicht so, dass ihr nicht weiterhin euer Bestes tun solltet, um sie liebevoll zu begleiten und zu beschützen – wir sagen nicht, dass ihr ihnen das nicht anbieten solltet. Aber der Grund, warum wir dies ansprechen, ist, dass so viele von euch in Urteilsfallen geraten, in denen ihr euch von anderen trennt.

Wo habt ihr gelernt, Distanz und Trennung zwischen euch und der Geistigen Welt zu erzeugen, zwischen euch und anderen Menschen? Darauf sind wir in einem früheren Gespräch eingegangen. Es wurde in die Struktur eures Kollektivs eingewoben. Man hat euch eine Geschichte darüber erzählt, wie eure Menschheitsgeschichte angeblich verlaufen sein soll. Ihr wurdet von früher Kindheit an durch Mythen und Geschichten indoktriniert, und ihr hört seit Generationen immer wieder die gleichen Geschichten. Und wie wir schon über die Massenmedien sagten: Wenn ihr diese Geschichten kritisch hinterfragt und darin nach Manipulationen sucht, werdet ihr sie finden.

Euer Regierungssystem wird im kommenden Jahrhundert eine große Revolution erleben. Sind eure Regierungen bestenfalls überfürsorgliche Eltern, deren Aufgabe es ist, euch zu behüten und zu schützen? Oder sind eure Regierungen ein Teil von euch, der Bevölkerung, von euch gewählt, damit ihre Vertreter helfen, Staat und Gesellschaft gut zu organisieren? In dieser Beziehung hat sich ein gewaltiges Ungleichgewicht aufgetan, eine große Lücke zwischen Anspruch und Wirklichkeit.

Wenn ihr ein Beispiel für eine ungesunde Beziehung auf eurem Planeten sucht, dann zählt dazu ganz sicher jene zwischen dem politischen Führungspersonal und den von ihnen Regierten. Warum besteht hier eine solche Kluft, eine so geringe Bereitschaft zu echter Evolution? Diese Frage solltet ihr euch unbedingt stellen. Und auch hier möchten wir sagen: Es gibt einige sehr fähige und gutherzige Politiker, die sich aufrichtig bemühen, ihre Länder ordentlich zu regieren. Wir wollen hier in keiner Weise mit dem Finger auf einzelne Personen zeigen. Wir wollen nicht, dass ihr diesen Präsidenten oder jene Premierministerin herausgreift, denn das ist eine Falle. Es ist auch eine dieser illusionären Sichtweisen, die euch eingetrichtert wurden: »Lasst uns einen Schuldigen finden.« Nun, das ist weit weniger effektiv, als das System als Ganzes zu betrachten und herauszufinden, warum es toxisch ist.

Um auf deine ursprüngliche Frage zurückzukommen: Das alles wurde vor langer Zeit in die Erdschablone eingewoben – wir sind im vorigen Gespräch darauf eingegangen. Nun kommt ihr an den Punkt, an dem ihr euch fragt, warum das eigentlich geschah. Wir könnten (natürlich) – und wir sind dazu bereit – irgendwann ein ganzes Kapitel der galaktischen Geschichte widmen, aber das Problem dabei ist, dass diese Informationen euch nicht helfen werden, über eure Selbstverurteilung hinauszuwachsen und sie zu überwinden.

Wenn ihr erkennt, worin sie sich zeigt, wenn ihr versteht, wie sie euch infiziert und destabilisiert, und wenn ihr begreift, wie ihr euch darüber erheben könnt, dann könnt ihr es ändern. Nur weil jemandem eine Bedienungsanleitung gegeben wurde, weiß der Betreffende deshalb noch lange nicht, wie man auf dieser Grundlage etwas zusammenbaut. Die Leute lernen, selbst etwas zu bauen, wenn sie die Anleitung benutzen, um die Konstruktion zu verstehen. Einen neuen Weg zu erschaffen und zu beschreiten, ist für euch viel wichtiger als zu verstehen, wie ihr ursprünglich in das Problem hineingeraten seid.

DIANNA: Danke, ich stimme euch zu. Und das führt mich gleich zu einem sehr brennenden, aktuellen Thema. Wir sehen heute eine Tendenz, wie das Gehirn und unser Bewusstsein immer stärker mit dem Bereich der Technologie verbunden werden. Ich möchte euch fragen: Wenn Gehirn und Bewusstsein überwunden werden – ihr habt Möglichkeiten erwähnt, wie sie überwunden werden können –, kann das Herzchakra dann trotzdem noch funktionieren und mit der Seele verbunden bleiben?

DIE Z: Ja und nein. Es wird dann sehr schwierig. Wir möchten es so ausdrücken: In einem früheren Gespräch haben wir gesagt, wenn die Seelenverbindung zum Körper so schwach ist, so gering, dass sie fast verschwindet (wir werden nicht sagen, »herausgerissen wird«, denn das würde bedeuten, dass jemand anderes euch das antut), kommt es zu dem Punkt, an dem ihr anfangt, über das Verlassen des Planeten zu verhandeln. Denn wenn eure Seele euren menschlichen Körper nicht mehr beleben kann, ist sie nicht mehr wirklich anwesend.

Manche Leute sind der Ansicht, man könnte die Seele eines Menschen entfernen, und dieser Mensch könnte dann als eine Art »Roboter« weiterleben. Davon gibt es nicht viele, aber es gibt ein paar Gruppen, die so etwas derzeit versuchen. Sie werden keinen Erfolg haben. Man kann die Verbindung eines Menschen zu seinem Herzen oder, wie wir gesagt haben, zu seiner Seele völlig destabilisieren, indem man seinen Verstand überwältigt, überlastet oder überstimuliert. Deshalb sind einige Waffen, die auf der Erde eingesetzt werden, keine Waffen in dem Sinne, wir ihr Waffen historisch verstehen würdet – sie sind anders als zum Beispiel eine Pistole, von der jeder weiß, dass es sich dabei um eine Waffe handelt. Wesen, die eine so schlimme Agenda verfolgen, können dafür ganz andere Waffen verwenden.

Auch hier müssen wir vorsichtig sein, wie weit wir gehen, denn ihr neigt dazu, sonst mit Angst zu reagieren. Wenn ihr so etwas hört, weckt das in eurem Körper Angstgefühle, und genau *das* behindert euch. Wir bringen das zur Sprache, weil es auf der Erde viele Agenden gibt, bei denen Seele und Herz nicht berücksichtigt werden. Dies sollte aber immer der Fall sein ...

Eine gute Möglichkeit, eine Führungspersönlichkeit auf eurem Planeten zu beurteilen, besteht darin, dass ihr feststellt, ob sie aus dem Herzen spricht oder nicht.

Übrigens gibt es bei euch einige Leute, die sehr gut darin sind, euch ein klein wenig Herz zu schenken und den Eindruck zu erwecken, dass sie es gut mit euch meinen, doch wenn ihr achtsam seid, erkennt ihr an ihnen Wesenszüge, die eindeutig nicht so liebevoll und wohlmeinend sind.

Das ist ein bisschen wie ein Tic-Tac-Toe-Spiel. Wenn du jemanden zweimal lobst, lässt er sich vielleicht verführen und merkt erst einmal nicht, dass dein nächster Schritt darauf abzielt, ihn zu demoralisieren und sein Selbstbewusstsein zu untergraben. Dass wir euch bitten, bei allen Politikerinnen und Politikern, die ihr wählen oder an die Macht bringen möchtet, auf deren Herzensverbindung und Herzensschwingung zu achten, liegt daran, dass *dies* die Art und Weise ist, wie politische Führung in Zukunft beschaffen sein wird.

Aber noch seid ihr nicht so weit. Ihr befindet euch im Moment im Kampf zwischen dem Alten und dem Neuen, und es wird einige Jahrzehnte dauern, bis sich das Neue voll entfaltet. Wir sagen nicht, dass die Dinge für weitere Jahrzehnte so bleiben werden, wie sie jetzt sind. Ihr werdet schon sehr bald positive Veränderungen bemerken, aber es braucht Zeit, bis sich die Energiesignatur auf dem Planeten vollständig verändert.

Jetzt gerade befindet ihr euch an einem Punkt in eurer Geschichte, an dem es bestimmte Vorstellungen darüber gibt, wie fortschrittlich ihr als menschliche Wesen werden könnt. Aber aufgepasst! Es ist nicht sehr fortschrittlich, wenn jemand anderes die Kontrolle über euren Fortschritt hat.

Wahrer Fortschritt bedeutet, dass die Menschen in ihrem Bewusstsein frei online gehen und sich mit dem großen »Bewusstseins-Web« verbinden können.

Wenn euch etwas präsentiert wird, das von Menschenhand geschaffen wurde und euch angeblich Fortschritt bringen soll, seid auf der Hut. Hinterfragt, was die Schöpfer der Technologie, die euch als Fortschritt angepriesen wird, wirklich beabsichtigen. Achtet genau auf die Signatur von deren Energie. Nehmt ihr bei ihnen Herzenswärme wahr, echtes Mitgefühl, ein Verständnis für die größeren Zusammenhänge? Wir sprechen hier nicht von Charme oder Charisma, denn das sind eher oberflächliche Energien – sie gehen nicht in die Tiefe. Und ihr erkennt sehr wohl den Unterschied zwischen einem gewissen Maß an Charme oder Charisma und einer wahren, aus dem Herzen kommenden Integrität.

Das wird eines der Themen sein, mit denen ihr im nächsten Jahrzehnt konfrontiert werdet. Bestimmte Menschen werden euch ihre Technologie und Agenda vorsetzen und behaupten, das sei der wahre Fortschritt. Aber ihr solltet bei all dem sehr vorsichtig sein. Es ist sehr wichtig, dass ihr diese Dinge gründlich hinterfragt. Ihr werdet es ganz gewiss lernen.

DIANNA: Vielen Dank, das ist eine perfekte Überleitung zu dem, was ich als Nächstes ansprechen möchte. Ich möchte den Leuten ans Herz legen, sich die neuesten Vorträge des spirituellen Lehrers Gregg Braden anzusehen. Die, die ich mir anschaute, wurden auf *Gaia TV* gezeigt. Gregg erklärt die Herzensenergie sehr gut, mit vielen Beispielen und wissenschaftlichen Informationen. Ich möchte alle, die sich dafür interessieren, ermutigen, sich selbst umfassend zu informieren.

DIE Z: Gregg ist ein hervorragendes Beispiel für die Einheit von Herz und wissenschaftlicher Vernunft.

DIANNA: Das ist er wirklich – da bin ich ganz eurer Meinung. Vor dreißig Jahren habe ich zum ersten Mal einen seiner Vorträge gehört. Damals sprach er über unsere Verbindung zu unseren Ahnen und Vorfahren, und seitdem interessiere ich mich sehr für seine Forschungen. Er hat eine großartige Botschaft, die mit dem übereinstimmt, was ihr eben erklärt habt. Er sagt, dass im Moment ein Kampf um die Essenz stattfindet, die uns einzigartig macht, ein Kampf um unser Menschsein. Er sagt, dass wir eigentlich bereits über die Fähigkeiten verfügen, die uns die Technologien digital zu geben scheinen. Diese Fähigkeiten existieren jetzt schon in jeder Zelle unseres Körpers. Er sagt, dass wir im Grunde selbst die Technologie sind, die wir brauchen und mit deren Hilfe wir uns weiterentwickeln können.

Ich möchte ein Beispiel heranziehen, das den meisten Menschen aus dem Film *Matrix* vertraut sein wird. In *Matrix* will eine der Hauptfiguren eine andere Hauptfigur retten, und damit ihr das gelingt, muss sie einen Hubschrauber fliegen. Das hat sie aber noch nie getan. Also wird ihr ein Gerät in den Hinterkopf eingesetzt, mit dem sie die Anweisungen zum Fliegen des Hubschraubers herunterlädt. In dieser Szene geht es ziemlich turbulent zu, und schließlich fliegt die eine Hauptfigur den Hubschrauber und rettet die andere. Das wird in Hollywood alles sehr unterhaltsam präsentiert, aber in gewisser Weise programmiert es uns auf das, was sie mit uns vorhaben.

Technologieunternehmen haben bereits einen Chip entwickelt, der uns ins Gehirn eingepflanzt werden soll. Dieser Chip soll unser Gehirn kabellos direkt mit der Festplatte unseres Computers verbinden. Dabei handelt es sich im Wesentlichen um Bluetooth-Technologie. Und mit diesem Chip im Gehirn können wir dann alles lernen – Sprachen, Mathematik und sogar, wie man einen Hubschrauber fliegt. Nun wird uns gesagt, dass sei einfach fantastisch und dass wir diese Art von Technologie begrüßen sollen, aber wo bleibt dabei die Menschlichkeit? Wo bleiben Liebe, Mitgefühl und Verständnis? Mir scheint, wenn wir diesen Weg zu sehr beschreiten, können wir ziemlich leicht von unserem eigentlichen Weg abkommen.

DIE Z: Wie wir bereits in unserer vorherigen Antwort sagten, bitten wir euch, genau herauszufinden, welche Ziele mit einer bestimmten Technologie verfolgt werden. Dabei geht es auch darum, welche Risiken damit verbunden sind. Auf welche Weise kann eine Technologie gegen die Menschheit eingesetzt werden, durch einzelne Menschen oder eine Gruppe? Und das Wichtigste: Die Vorstellung, dass ihr Mathematik oder eine Sprache lernen könnt oder wie man einen Hubschrauber fliegt – ist irgendetwas davon wirklich relevant? Es hat ja ohnehin nicht jeder Zugang zu einem Hubschrauber. Ihr seht also, dass die Menschen nicht genug darauf achten, wie wenig verheißungsvoll das, was man euch verheißt, tatsächlich ist.

Und ebenso wenig achten sie darauf, ob diesen Technologien Herzenswärme fehlt oder inwiefern sie die Menschheit wirklich voranbringen, und auch die Welt als Ganzes.

Ihr lebt in einer Zeit, in der bestimmte Machthaber, die ihre Macht gut gefestigt und ausgebaut haben, ihr Spiel mit Menschen treiben, die noch nicht an der Macht sind, indem sie sie mit Teilhabe an der Macht verführen.

Auf eurer Erde wurde ein »Wir gegen sie«-Spiel in Bezug auf Ressourcen, Rechte und Teilhabe geschaffen. Es gibt so viele Machtspiele, die ihr alle ständig mitspielen müsst! Ob es nun um Rassismus, Sexismus oder Transphobie geht, ihr werdet aufgerufen, all diese Trennungsspiele auf der Erde wahrzunehmen und zu nähren und ein Teil davon zu sein, damit das Getrenntsein fester Bestandteil eurer Psyche bleibt. Damit sagen wir denjenigen unter euch, die sich für einige dieser Themen einsetzen, nicht, dass sie den falschen Job machen. Wir bitten euch nur, energetisch das größere Bild zu betrachten.

Es ist immer gut, herauszuzoomen. Selbst wenn ihr dazu bestimmt seid, an der Nahaufnahme eines Bereichs der Welt zu arbeiten – vielleicht ist es eure Aufgabe, in einem dieser Bereiche energetisch als Ingenieur zu arbeiten –, solltet ihr gleichzeitig herauszoomen und das größere Bild sehen.

Dieses Beispiel, das du gerade nanntest, ist *genau* das, was wir in der vorherigen Antwort besprochen haben, und die Fragen, die ihr stellen müsst, sind sehr wichtig. Die Menschen müssen anfangen, Fragen zu stellen, ihre Nachgiebigkeit erkennen, fragen, woher ihre Nachgiebigkeit kommt, und verstehen, dass ihnen beigebracht wurde, Macht, Geld und diejenigen anzubeten, die alle Ressourcen haben. Fragt euch doch einmal: »Warum?« Warum sind sie es mehr wert, angebetet zu werden, als die Großmutter, die sehr wenig hat, aber dabei hilft, ihre Enkelkinder auf die stärkste und herzlichste Weise großzuziehen, weil sie an das Gute in der Welt glaubt?

Und wenn ihr erst angefangen habt, aufmerksam dafür zu sein, werdet ihr diese hierarchischen Strukturen überall sehen und erkennen, wie man euch beibrachte, bei dem Spiel mitzumachen. Und dann werdet ihr auch erkennen, warum es für diejenigen, die Geld und Macht haben, so einfach ist, ihre Wünsche allen anderen aufzuzwingen.

DIANNA: Ich danke euch. Einige dieser Technologien haben sehr positive Potenziale. Ich denke da zum Beispiel an Menschen, die einen Schlaganfall erlitten haben oder an anderen neurologischen Beeinträchtigungen leiden. Sie könnten sehr davon profitieren. Und ich stimme euch zu: Wir brauchen den großen Zoom-out. Wir müssen das große Ganze betrachten. Und was mir wirklich am Herzen liegt, sind die Kinder und Jugendlichen, die mit nichts anderem als dieser Technologie und solchen Geräten in ihren Händen aufgewachsen sind. Sie haben nicht die gleichen Informationen wie wir oder die gleiche Perspektive, um herauszoomen zu können.

Nach meiner persönlichen Erfahrung als Fünfzehnjährige stand das D *[im englischen Sprachraum entspricht die Schulnote D einer Vier]*, das oben auf meiner Matheklausur prangte, als sie mir zurückgegeben wurde, nicht für »Dianna«. Ich würde gerne glauben, dass es für »Dianna« stand, aber das war nicht der Fall. Wenn ich jetzt fünfzehn wäre und es satt hätte, dafür gedemütigt zu werden, dass ich nicht sehr gut in Mathe bin, fände ich es vielleicht sehr verlockend, wenn sie zu mir sagten: »Ach, komm, lass uns dieses Gerät in dein Gehirn einbauen und dich hier anschließen, wo du alles über Algebra oder Integralrechnung in deinen Kopf herunterladen kannst, und dann bestehst du die nächste Matheprüfung mit Bravour.«

Das bringt mich zurück zur Verantwortung der Eltern, die ihr vorhin erwähntet. Ich habe in den 1980er und 1990er Jahren lange in New York City gelebt. Damals war bekannt, dass viele Eltern ihre Kinder auf die Warteliste für die besten Kindergärten setzten, noch bevor sie überhaupt geboren waren. Die Eltern standen unter enormem Druck, ihre Kinder zum Lernen zu drängen, sie zu Höchstleistungen anzuspornen – alles, um sie in die besten Schulen zu bringen. Die Konkurrenz war groß.

Wenn wir so weitermachen, dass Kinder und Jugendliche im Grunde alles, was sie brauchen, herunterladen können, warum sollten sie dann überhaupt noch herauszoomen und die Gründe sehen wollen, warum das keine gute Idee ist?

Ich halte es für sehr wichtig, dass wir uns alle etwas Zeit nehmen und uns die Welt ansehen, die wir für unsere Kinder und Jugendlichen erschaffen. Wohin geht die Reise? Wo sind die Herausforderungen im Leben? Wo ist die Menschlichkeit?

DIE Z: Wenn du das, was du gerade gesagt hast, überprüfen möchtest, Dianna, oder jeder von euch, der dieses Buch liest, dann findet heraus, wie groß die Bereitschaft der Machthaber ist, Zoom-Outs und alternative Sichtweisen zuzulassen.

Ihr werdet schnell merken, ob sie dazu bereit sind oder zensieren und versuchen, die Menschen in eine bestimmte Richtung zu zwingen. Dann habt ihr die Bestätigung, ob ihnen das Wohl der Menschen auch wirklich am Herzen liegt.

DIANNA: Könnten wir uns jetzt dem Herzen zuwenden, denn ich fragte ja: »Wer ist zuständig?« Ist es das Gehirn, das Bewusstsein oder das Herz?

DIE Z: Das Herz.

DIANNA: Da haben wir's! Dann lasst uns doch jetzt über die tiefere Verbindung des Herzens mit der Seele sprechen und über die Intuition, die das Herz auszeichnet. Könnt ihr uns mehr über das Herz erzählen?

DIE Z: Viele von euch sind an die Vorstellung gewöhnt, dass die Sonne Wärme, Leben und Nahrung auf die Erde bringt. Nun, in gewisser Weise könnt ihr euer Herzchakra als die Sonne in euch betrachten. Das bedeutet nicht, dass die Sonne die ganze Zeit scheinen muss. Die Energie der Nacht ist sehr wichtig. Die Energie des Mondes ist sehr wichtig. Schließlich wollt ihr nicht die ganze Zeit über in der Sonne sein.

Aber wie auch immer …

Euer Herz ist eine mächtige Kraft. Für viele von euch ist es ein Schlüssel zur Manifestation. Es ist ein Schlüssel zu dem, was ihr in euer Leben zieht. Es ist ein Schlüssel dazu, wie ihr euch durchs Leben bewegt.

Wer von euch schon einmal über einen längeren Zeitraum bewusst Dankbarkeit praktiziert hat, wird dabei festgestellt haben, dass euer Leben besser wird. Und das liegt nicht daran, dass euer Leben plötzlich vor allen Herausforderungen oder Lektionen, die ihr durchmachen müsst, geschützt wäre, sondern daran, dass ihr lernt und übt, dankbar für das zu sein, was bereits da *ist.* Ihr fangt an, die höheren Schwingungen ein wenig mehr wahrzunehmen, und dann beginnt ihr, sie zu erschaffen. Ihr fangt an, die höheren Schwingungen, die ihr *in eurem Inneren* kultiviert, erzeugt und nährt, im *Außen* zu spiegeln und zu erschaffen.

Es ist wichtig, dies zu verstehen. Wenn es um das Herz geht, so ist es euer Führer. Das ist auch der Grund, warum so oft (ihr erlebt das in Filmen und Büchern), wenn das Herz aufhört zu schlagen, das Leben des Menschen endet. Und wie wir schon betonten, sind die Seele und der Mensch im Leben stets untrennbar miteinander verwoben. Nun, das wird euch im Allgemeinen nicht gesagt. Stattdessen wird euch vermittelt, der Mensch wäre nur Körper und die Seele nicht unbedingt real. Das ist im Wesentlichen die Programmierung, die für den Mainstream existiert.

Euer Herz liefert die Energie für die Show. Das bedeutet nicht, dass das Herz überlegen ist oder isoliert von den anderen Teilen eures Wesens arbeiten kann – es ist einfach eure Sonne.

Das Herz ist der Teil von euch, der euch leitet und vorwärts führt. Das tut es wirklich. Es bedeutet nicht, dass es euch alles in Worten erklären kann, aber es weiß alles über euren zukünftigen Weg, weniger über eure Vergangenheit.

Ihr denkt oft, Herzschmerz käme von eurem Herzen, doch in der Regel ist es das Bewusstsein, das die niedrigen Schwingungen der Vergangenheit wiedergibt. Das Bewusstsein hat eine direkte Verbindung zu euren Gefühlen. Es holt eine emotional aufgeladene Erinnerung an die Oberfläche, die in eurem Körper eine niedrigere Schwingung erzeugt, so dass ihr diese vergangene Energie in eurem Energiefeld durchspielen und klären und heilen könnt, um euch wieder für die Zukunft zu öffnen. Das Herz ist sehr stark auf die Zukunft ausgerichtet.

Ist denjenigen unter euch, die schon einmal Liebeskummer hatten und sich völlig abgeschottet fühlten, *weil* sie Liebeskummer hatten, jemals aufgefallen, dass ihr in diesem Zustand nicht in die Zukunft schauen konntet? Ihr glaubt dann nicht, dass es für euch noch eine Zukunft gibt, ihr wollt auch nichts über die Zukunft wissen. Ihr seid einfach nur entsetzt, weil es keine Zukunft mehr gibt. Ihr seid entsetzt, weil euch das Herz gebrochen wurde. Das Herz hat sein Licht abgeschaltet, was bedeutet, dass das Herz seine Zukunft abgeschaltet hat.

Und wenn ihr diese Zeiten des Herzschmerzes durchmacht, ist das nicht unbedingt die falsche Entscheidung. Für viele von euch ist es die Art und Weise, wie ihr alten Kummer klärt. Einiges davon gehört nicht einmal zu euch. Es stammt von euren Vorfahren. Aber es ist wichtig für euch, das zu verstehen und den Raum wahrzunehmen, in dem ihr euch befindet.

Wenn euer Herz verschlossen ist, erzählt euer Bewusstsein euch dann anhaltend eine düstere Geschichte oder ist es eurem höheren Bewusstsein erlaubt, sich hin und wieder einzuschleichen und euch nicht nur daran zu erinnern, dass »auch dies vorübergehen wird«, sondern ebenso daran, dass ihr euch auf eine viel kraftvollere Weise wieder öffnen werdet?

DIANNA: Ich erinnere mich, dass ihr einmal gesagt habt: Die Herzen brechen nicht entzwei, sie brechen auf – sie öffnen sich für größere Erfahrungen und größere Ausdehnung.

DIE Z: Und wenn euer Herz etwas durchmacht, was ihr als Herzschmerz-Phase bezeichnen würdet, braucht es Zeit, um das

Alte und Dichte zu klären, so dass, wenn euer Energiefeld davon gereinigt ist, zur Verstärkung des Herzens mehr Lebensenergie in eure Zukunft fließen kann.

DIANNA: Lasst uns die Menschen auch daran erinnern: Die Herzenergie strömt in die Erde. Und in Anbetracht dessen, was ihr darüber sagtet, dass es bei der Erde um das Herz geht, ist das – zumindest für mich – etwas sehr Positives.

DIE Z: Wir drücken es so aus – was vielleicht etwas seltsam ist, denn Herzenergie gibt es an vielen Orten, überall: Herzenergie ist *die* wichtigste Währung auf der Erde, wenn es darum geht, zu erkennen, welchen Platz die Erde im Universum einnimmt. Gibt es noch andere wunderbare Ressourcen? Ja.

Aber die Herzenergie ist die wichtigste, reichhaltigste und schöpferischste Energie auf der Erde.

Deshalb ist die Herzenergie durch alle Zeiten bis heute immer eingeschränkt und begrenzt worden. Deshalb gab es stets jene, die nicht wollten, dass die Menschen sich an ihre Souveränität und die Kraft des Herzens erinnern. Deshalb ist der energetische Krieg, den ihr gerade auf der Erde austragt, in gewisser Weise schon lange auf diesem Planeten im Gange, aber ihr befindet euch jetzt in einer Art Endkampf um das Ganze. Sobald die Menschen wieder in Kontakt mit ihrer Herzenskraft kommen, beginnen sie, sich universeller zu verbinden.

Stellt es euch so vor: Ihr als Menschen seid am glücklichsten, wenn ihr eurer Bestimmung folgt, wenn ihr ein sinnerfülltes Leben führt und sinnerfüllte Beziehungen habt. Und damit meinen wir nicht, dass es für andere Menschen einen Sinn ergeben muss, dass ihr all das tut und macht, weil man auf diese Weise eben zum Glück findet. Nein, wir meinen damit, dass ihr eure göttliche Energie frei fließen lassen und das tun solltet, was euch *bestimmt* ist.

Es gibt zum Beispiel *viele* Menschen auf eurem Planeten, die eine unglaubliche Sinnerfüllung in ihrer Arbeit oder in der Erziehung ihrer Kinder finden.

Sie mögen einkommensmäßig zu den untersten zehn Prozent der Weltbevölkerung zählen, aber viele von ihnen gehören dennoch zu den sinnerfülltesten, glücklichsten und am meisten in Harmonie lebenden Menschen auf Erden.

Andererseits sind viele, deren Einkommen in den oberen zehn Prozent angesiedelt ist, am weitesten von ihrem Herzen entfernt. Oft versuchen sie, immer mehr und mehr Vermögen anzuhäufen, um sich selbst glücklicher zu machen, statt zu erkennen, dass etwas anzuhäufen ein Nebenprodukt von Sinnerfüllung und Glück sein sollte.

Wenn man es auf andere Weise versucht, wird man sein Glück letzten Endes nicht finden.

Und wenn ihr zehn Jahre später immer noch das gleiche anhäuft und immer noch nicht glücklich seid, dann solltet ihr wirklich mal mit eurem Therapeuten reden, denn das, was ihr da anhäuft, wird euch niemals glücklich machen.

Und die Tatsache, dass ihr das noch immer nicht erkannt habt, ist ein bisschen schade, denn es gibt so viel für euch zu entdecken, wenn ihr dem folgt, was euch Erfüllung schenkt.

Stellt euch vor, dass die Herzenergie der Menschen zurückkehren kann. Stellt euch vor, wie sinnvoll die Menschen dann ihre Rolle auf der Erde ausfüllen werden, aber auch, wie sehr die Öffnung ihres Herzens sie geistig öffnen wird, und damit auch für den großen universellen Geist.

Stellt euch vor, wie mächtig die Erde werden würde, wenn sie voll offenherziger, spirituell verbundener Menschen wäre. Und dann stellt euch vor, welche Wirkung das auf den ganzen Kosmos hätte: Die Erde hat das Potenzial, dem Universum Harmonie zu bringen.

Das ist das Potenzial der Erde. Wir sagen nicht, dass sie der einzige Planet ist, der das kann. Aber jetzt und während der nächsten dreihundert Jahre ab dem Zeitpunkt, da wir euch dies hier mitteilen, hat die Erde das größte Potenzial, dem Universum zu helfen, eine höhere Ebene der Harmonie zu erreichen.

Andererseits ist die Erde ein Ort, an dem leider immer wieder viele Samen der Disharmonie gesät werden. Und darum ist die Heilung der Erde so wichtig.

DIANNA: Das ist wunderschön. Doch jetzt, da sich unser Gespräch dem Ende nähert, möchte ich wieder auf den Begriff des Einsseins zurückkommen und darauf, dass wir uns in einem multidimensionalen Universum befinden.

Ihr sagt, es gibt derzeit mehr multidimensionale Unterstützung als jemals zuvor. Warum ist das so?

DIE Z: Aus genau den gleichen Gründen, die wir euch gerade genannt haben. Manchmal denken die Leute, wir wären wohlmeinend und selbstlos. Es gibt zum Beispiel jene, die sich bei Lee dafür bedanken, was wir tun oder was wir ihnen geben, aber versteht bitte, dass es so nicht funktioniert. Auch das kommt aus eurer religiösen Programmierung und der Vorstellung, dass der Retter oder Erlöser höher steht als man selbst.

Schaut euch diese »Guru-Falle« auf eurem Planeten an, diese lächerliche Vorstellung, dass ein Mensch allen anderen überlegen sein soll, nur weil er Kanal für eine spirituelle Kraft ist, die auch alle anderen jederzeit nutzen können.

Seid diesem Guru auf jeden Fall dankbar, aber lasst euch nicht auf Machtspiele mit ihm ein und lehnt nicht eure eigene Macht ab und schmälert sie auch nicht. Seid dankbar, aber so wie ihr jemandem dankbar seid, der euch etwas geschenkt hat, dessen Bedeutung ihr zu schätzen wisst.

Wir wollen damit nicht sagen, dass Lehrer nicht gebraucht werden. Sie werden gebraucht. Wir sehen Lehrer als Brückenbauer – Brücken zu Informationen, Brücken zu Erfahrungen, Brücken zu höheren Visionen von euch selbst.

Lee ist ein solcher Brückenbauer. Das ist seine Bestimmung, und er schlägt Brücken auf viele verschiedene Arten, in vielen verschiedenen Aspekten seines Lebens. Lee hat auch selbst Brückenbauer gefunden, die ihm geholfen haben, sich spirituell zu verbinden, und er ist ihnen sehr dankbar. Ihr seht also, es sollte immer ein verbindendes spirituelles Netzwerk sein.

Der Grund, warum so viele multidimensionale Wesen mit der Erde arbeiten und sich für sie interessieren, ist, dass die Erde in dieser Zeit von entscheidender Bedeutung für die universelle Harmonie ist.

Und die Saat des Krieges, die auf der Erde gepflanzt wurde und gewachsen ist, hat das Potenzial, das Gleichgewicht des Universums zu gefährden. Die multidimensionalen Wesen sind nicht nur hier, um euch Menschen zu helfen. Sie sind hier, um der universalen Energie insgesamt zu helfen. Und um es noch weiter zu fassen: Ihr seid nicht nur als Menschen hier, ihr seid nicht nur diese menschliche Identität, ihr seid »Energiewesen«, die sich aktuell gerade als Mensch erleben und damit Teil dieser Reise sind, auf der ihr alle euch als menschliche Wesen befindet. Und die Wiederherstellung des Gleichgewichts auf dem Planeten Erde ist ein wichtiger Teil eurer Bestimmung, auch wenn ihr euch vielleicht voll und ganz auf euer eigenes Leben und die Menschen, die ihr kennt, konzentriert. Aber wir möchten betonen, dass daran nichts falsch ist.

Einige von euch verbringen so viel Zeit damit, ein Menschenfreund zu sein, dass sie vergessen, ihr eigenes individuelles Menschsein zu heilen. Ihr neigt dazu, die Menschen zu verehren, von denen ihr glaubt, dass sie anderen helfen. Doch wenn ihr euch ihr Leben genau anschaut, werdet ihr sehen, dass einige von denen, die humanitäre Arbeit leisten, viel energievoller sein könnten, wenn sie sich auch etwas ihrer Selbstheilung widmen würden. Dann würde ihr humanitäres Engagement noch erheblich mehr bewirken.

Wir erwähnen dies deshalb – und wir haben es während all der Zeit, in der Lee unsere Stimme ist, immer wieder gesagt –, weil es so wichtig ist, zu verstehen, dass *eine* Handlung, die ihr tut, oder *ein* Ziel, auf das ihr euch konzentriert, genügt. Wir haben vielleicht einige von euch mit all den Informationen, die wir euch gegeben haben, eingeschüchtert oder verängstigt, und plötzlich hat euch diese Vorstellung von eurem Planeten oder der Kriegsenergie auf eurem Planeten in eine Art Schockstarre versetzt, so dass ihr gar nicht mehr wisst, wie ihr einen positiven Beitrag leisten könnt. Nun, am wirkungsvollsten könnt ihr einen positiven Beitrag leisten, indem ihr hier auf der Erde in Kontakt mit eurem eigenen Herzen, eurer eigenen Liebe, eurem eigenen Lebenssinn kommt. Wenn ihr das tut, werdet ihr eine außerordentliche Wirkung haben – nicht nur auf euer Leben und das

Leben derer, mit denen ihr in direkter Beziehung steht, sondern auch auf die Schwingung des Planeten als Ganzes.

Deshalb sagen wir euch, dass es nicht darum geht, euer Bewusstsein aufzuwecken. Es geht darum, euer Herz und eure Seele aufzuwecken. Und um euer Herz und eure Seele vollständig aufzuwecken, müsst ihr die Teile eures niederen Bewusstseins, eurer niederen Gefühle beobachten und loslassen, die euch antrainiert wurden, um euch von der größeren Macht abzulenken, über die ihr als inkarnierte menschliche Seelen auf diesem Planeten eigentlich verfügt. Deshalb haben wir zu euch im vorigen Buch so viel über die Energetik dessen gesprochen, was wir »die neue menschliche Seele« nennen. Wir sprechen zu euch darüber, zu wem ihr werdet und wie ihr euch von dem entfernen könnt, was ihr früher wart. Das ist unsere Absicht.

DIANNA: Ich danke euch. Ich fühle mich wirklich inspiriert, aus dem Herzen zu leben und aus dem Herzen zu erschaffen – und nicht aus irgendeiner Angst heraus.

DIE Z: Du und ihr alle, die dies lesen, ihr macht das schon sehr gut. Erinnert euch an das Wichtigste in diesem Gespräch: Wenn ihr es mit dem Gefühl verlasst, irgendwie entmachtet statt ermächtigt zu sein, schaut euch an, was die Auslöser waren, die in euch Angst und Sorge weckten oder euch alarmierten. Verbringt wirklich Zeit damit, diese Dinge in euch zuzulassen. Wir haben euch zum Beispiel erzählt, dass es auf der Erde einige sehr alte Agenden gibt, die immer noch hinter den Kulissen am Werk sind. Und so wie euer Verstand programmiert wurde, kann das in euch Angst vor dem Schurken oder der Gruppe von Schurken auslösen, die dahinterstecken. Wir sehen das nicht auf diese Weise. Wir sehen es nicht auf eine Richtig/Falsch-Weise. Wir sagen euch lediglich, was ihr gerade zu überwinden im Begriff seid, aber ihr könnt es nicht überwinden, solange ihr es nicht selbst seht und zur Kenntnis nehmt.

Wir bitten euch also, nicht einfach vor einigen der Dinge zurückzuschrecken, von denen ihr merkt, dass ihr vor ihnen zurückschreckt, sondern sie zu untersuchen, Fragen dazu zu stellen und zu beobachten, warum ihr das fühlt, was ihr fühlt. *Das* ist der Weg durch die Bereiche in euch hindurch, in denen Blockaden bestehen. Und wenn ihr euch ein wenig Zeit *dafür* nehmt (und wir wissen, dass ihr in den kommenden Wochen und Monaten Zeit und Raum dafür haben werdet), dann werdet ihr erstaunt sein über die Lebenskraft, die als Ergebnis dieser Selbsterforschung wieder in euch aufsteigen wird. Eure Lebenskraft ist das Gold eures Universums.

Eure Lebenskraft ist das Gold eurer Erfahrung als menschliche Seele auf der Erde in diesem Augenblick. Lasst diese Lebenskraft zu euch zurückkehren.

Sie wollte immer zu euch zurück. Und nun befindet ihr euch in einer Phase der Menschheitsgeschichte, in der sie, verglichen mit allen anderen Lebenszeiten, die ihr je durchlebt habt, geradezu blitzschnell zu euch zurückkehren wird. Das, liebe Freunde, ist ein Geschenk und eine Freude!

Und deshalb sagen wir euch – trotz allem, was wir über das gesagt haben, womit ihr zu tun habt, was ihr durchmacht, was euch bevorsteht –, dass es ein Geschenk und eine unglaubliche Erfahrung ist, als Mensch zu inkarnieren, ganz besonders in diesen Zeiten auf der Erde.

Gut. Frieden und Liebe für euch alle.

Sechstes Gespräch

Themen

- Die multidimensionale Natur der Z.
- Wie die Z (und andere nicht physische Wesen) mit den Menschen kommunizieren.
- Wie wir am besten kommunizieren können, wenn wir die Energie anderer fühlen.
- Der Wunsch, gesehen zu werden, und die gleichzeitige Angst davor.
- Die Technologie der sozialen Medien im Vergleich zur spirituellen Energie.
- Wie ihr euch von euren »Verletzungen« heilen könnt.
- Hilfreiche Hinweise, wie Empathen die Energien, die sie von anderen empfangen, ausbalancieren können.
- Was Vorahnungen wirklich sind.
- Die Natur unserer Intuition.

DIANNA: Willkommen zu einem neuen Gespräch, ihr Lieben. Ich freue mich darauf. Willkommen, ihr wundervollen Seelen.

DIE Z: Willkommen. Es ist uns ein Vergnügen, diesen Dialog mit dir fortzusetzen, Dianna.

DIANNA: In diesem Gespräch möchte ich das Wort »multidimensional« ausführlicher beleuchten und schauen, wie wir bewusst mit ihm arbeiten können. Wir haben festgestellt, dass das Wort »Dimension« ein menschlicher, dreidimensionaler Begriff ist, mit dem wir Menschen etwas zu erklären versuchen, was am besten mit höherer Mathematik zu erklären wäre – einer Mathematik, die unser menschliches Gehirn überfordert. Es war für mich eine Herausforderung, Wege zu finden, wie ihr und ich die Multidimensionalität besser erklären können, um den Leserinnen und Lesern ein tiefergehendes, umfassenderes Bild zu vermitteln.

Worte sind an und für sich keine großen Lehrer, und doch sind sie das Werkzeug, das wir benötigen, um diese Gespräche führen zu können. Aber wir lernen viel mehr aus Erfahrungen und Gefühlen. Daher ist es mein Ziel, in all unseren Gesprächen mit den Worten, die verwendet werden, Gefühle zu erzeugen, die einer Erfahrung möglichst nahekommen und so ein besseres Verstehen ermöglichen. Für unser heutiges Gespräch möchte ich »Dimensionen« unter dem Aspekt diskutieren, dass es sich bei ihnen um »Bewusstseinszustände« handelt.

Dimensionen sind keine endlichen Räume. Vielmehr handelt es sich um fließende Zustände von »Energiebewusstsein«. Jeder Bewusstseinszustand bietet uns Zugang zu einer anderen Ebene des Wissens und der Weisheit und gibt uns unterschiedliche Manifestationsmöglichkeiten. Die Anziehungskraft, die ich spüre, wenn ich lerne, mich bewusst mit den schwingungsmäßig höheren Bewusstseinszuständen zu verbinden, besteht darin, dass sie mir den besten Zugang eröffnen zu dem, was ich gerne als den Raum bezeichne, »in dem alle Weisheit darauf wartet, hereingebeten zu werden«. Und mit »Weisheit« meine ich unsere persönliche, direkte, allwissende Verbindung zur Schöpfer-Energie, zur Quelle.

Wie können wir also den Menschen helfen, sich mit den multidimensionalen Räumen des Wissens und der Weisheit zu verbinden? Ich denke, wir sollten spiralförmig in diesem Wissen aufsteigen, indem wir zunächst über einige Varianten und Möglichkeiten der multidimensionalen Kommunikation sprechen. Wenn wir hier auf der Erde einen Freund oder eine Freundin eine Weile nicht gesehen haben, beginnen wir unsere Gespräche oft mit »Wie ist es dir ergangen? Was hast du gemacht, seit wir das letzte Mal miteinander sprachen?«.

Aus Rücksicht auf die begrenzte Zeit werde ich meine ersten Fragen nur an dich richten, Zachary, und nicht an alle achtundachtzig Mitglieder deiner Gruppe, damit ihr mir nicht achtundachtzig Antworten geben müsst. Beginnen wir also die spiralförmige Reise durch dieses Gespräch. Zachary, wir haben seit über fünf Monaten nicht mehr miteinander gesprochen. Wie ist es dir ergangen? Was hast du gemacht?

DIE Z: *Wir* hatten eine gute Zeit. Ich bin ja mehr als einer – ich bin mit siebenundachtzig verbunden. Ich bin ein multidimensionales Wesen. Es gab also viele Erfahrungen, die zu zahlreich sind, um sie in ein oder zwei Sätzen für euch nachvollziehbar aufzuzählen. Solche Fragen sind ein Spiel von euch Menschen.

DIANNA: Könnt ihr uns vielleicht schildern, was ihr in letzter Zeit so alles gemacht habt?

DIE Z: Nun, wir waren hier in der Zukunft, wie ihr es nennen würdet. Selbst der Vorgang der akustischen Aufzeichnung gerade eben ist ein Vorgang aus der Zukunft.

Damit wollen wir sagen, ja, es gibt eine kleine Anzahl von euch Menschen, die um elektronische Geräte versammelt sind und diese Gespräche jetzt aufzeichnen, aber in den kommenden Jahren und Jahrzehnten wird es viele Ohren, Augen, Seelen und Herzen geben, die sich mit diesem Material beschäftigen. Wir haben also in den Monaten seit dem letzten Gespräch gar nicht so viel getan. Eher ist es so, dass wir gewartet und beobachtet haben. Euch haben wir beobachtet.

Bitte bedenkt, dass unser Zeitgefühl oder unsere Vorstellung von Zeit sich (wie ihr wisst) von der menschlichen Vorstellung von Zeit unterscheidet. Ihr alle erlebt die Dinge auf eine ziemlich lineare und segmentierte Weise. Ihr neigt dazu, den linearen Weg von der Geburt bis zum Tod zu betrachten. Ihr durchlauft eine Abfolge von Alterungsprozessen. Ihr geht durch Phasen der Entwicklung, der Erfahrung, der Erinnerung, des Lernens, der Beziehungen. Unsere Existenz spielt sich nicht in einer Umgebung von dermaßen großer Dichte ab.

Wenn ich also deine Frage auf eine etwas linearere oder menschlichere Art und Weise beantworten soll (und wir verstehen, dass du dir das wünschst), würde ich sagen, dass das, was ich als Teil unserer Gruppe in den Monaten seit unserem letzten Gespräch getan habe, kristalliner Natur ist. Das heißt, es ist ohne Gedanken, ohne Form, sogar ohne Handlung.

Meine Erfahrung, wie ich sie in irdischen Begriffen am besten beschreiben könnte, ist, dass ich in den kristallinen Energiefeldern rund um die Erde gearbeitet habe. Meine Aufgabe bestand einfach darin, in dem kristallinen Raum zu existieren und ihm meine Energie zuzuführen. Das nährt die kristalline Energie, die gegenwärtig auf die Erde trifft, und gleichzeitig energetisiert es meine Seele – wobei ich allerdings als Teil einer Gruppenseele in viel geringerem Ausmaß eine individuelle seelische Identität besitze, als es bei euch Menschen der Fall ist.

Es ist also schwierig für uns, von den Dingen, die wir tun, als »isolierte« oder »definierte« Aktivitäten zu sprechen, denn sie sind sehr mit euch allen und dem, was ihr tut, verbunden, weil ihr in Beziehung zu uns steht und uns um Hilfe gebeten habt. Aber wir möchten darauf hinweisen, dass auch ein Mensch auf die Art und Weise antwortet, die dem Fragenden angemessen ist. Wenn euch zum Beispiel ein Mensch fragt, was ihr in den letzten Monaten gemacht habt, wird eure Antwort sehr unterschiedlich ausfallen, je nachdem, welcher Mensch euch das fragt und für welche Frequenz er offen ist. Aus diesem Grund sucht ihr euch gerne Menschen, die energetisch mit euch harmonieren, und ihr neigt dazu, eure Antworten auf ihre Fragen ihrem Horizont anzupassen, weil ihr euch diesen Menschen nur so weit multidimensional zeigen möchtet, wie sie es verkraften können.

Es macht euch keinen Spaß und ist nicht interessant für euch, jemandem zu antworten, der nicht wirklich an der Antwort interessiert ist, sondern nur fragt, weil seine Programmierung ihm sagt, dass von ihm *erwartet* wird, euch diese Fragen zu stellen, wenn er euch nach einer gewissen Zeit wiedersieht.

DIANNA: Mich interessiert an diesem Gespräch, in das wir gerade einsteigen, dass ihr mir aus der Dimension, in der ihr existiert, noch nie die Frage gestellt habt, was ich in letzter Zeit gemacht habe. Und ich glaube – beziehungsweise weiß ich es aus erster Hand –, dass ihr mich das auch gar nicht zu fragen braucht, weil ihr es bereits wisst. Meine nächsten Fragen lauten daher: Woher wisst ihr, was ich getan habe oder zu tun beabsichtige? Lest ihr meine Gedanken? Greift ihr auf mein persönliches Aurafeld zu? Oder schaut ihr in die Akasha-Chronik?

DIE Z: Das ist eine sehr gute Frage, denn es gibt auf der Erde den Irrglauben, Geistwesen wären allwissend, aber das stimmt einfach nicht. Diese falsche Annahme kommt von eurer Programmierung in Bezug auf eure Religionen oder Gott. Vielen von euch wurde beigebracht, daran zu glauben, dass es eine höhere Macht gibt, die viel mehr weiß als ihr. Wir würden es so ausdrücken …

Höhere Mächte oder Wesen in höheren Dimensionen haben Zugang zu höheren Informationen. Aber das bedeutet nicht, dass sie sich all dessen bewusst sind, was ihr auf gedanklicher oder gar emotionaler oder zeitlicher Ebene durchmacht. Es ist auch überhaupt nicht notwendig, dass sie das wissen, denn es geht nur euch selbst etwas an.

Doch euer Seelenweg ist uns bekannt. Von dir, Dianna, wissen wir zum Beispiel, dass du in den Monaten, seit wir das letzte Mal miteinander gesprochen haben, viele verschiedene Erfahrungen gemacht hast. Wir sind aber nicht über die Einzelheiten dieser Erfahrungen im Bilde. Die müsstest du selbst uns schildern. Was wir sehen können, ist der Bogen deines Wachstums – wir können den Bogen sehen, den du durchlaufen hast.

In deinem Fall war es so, dass du während der letzten Monate in vielerlei Hinsicht bewusstseinsmäßig stärker in die Tiefe gegangen bist. Du könntest uns nun berichten, wie du diese Vertiefungserfahrungen auf der menschlichen Ebene erlebt hast, wenngleich wir diese Informationen nicht wirklich brauchen, denn sie sind aus unserer Perspektive nicht interessant und haben auch nichts mit unserer Beziehung zu dir zu tun. Sie spiegeln sich jedoch in deinem irdischen Leben.

Wir wissen sehr wohl, dass du mit einigen Leuten befreundet bist, weil du gerne mit ihnen lachst und Spaß hast. Dann hast du andere in deinem Freundeskreis, mit denen du tiefe Gespräche führen oder tiefgreifende Lernerfahrungen teilen kannst. Aber wir sind nicht hier, um uns mit den Details des menschlichen Alltags zu beschäftigen, denn das ist nicht die Ebene, auf der wir euch am meisten helfen können. Wir sind hier, um euch bezüglich dessen zu beraten, was man die »größeren Zusammenhänge« der Seele nennen könnte – die Schicksalsthemen, die schicksalhaften Anteile sowohl eurer individuellen als auch eurer kollektiven Existenz. Das ist der Grund, warum wir euch nie fragen, was ihr getan habt: Wir wissen es bereits!

Wenn es zum Beispiel um Begebenheiten in eurer Geschichte ginge, würden wir es vorziehen, auf eine Art und Weise darüber zu sprechen, die impliziert, dass sie nichts mit eurer Gegenwart zu tun haben. Auch wenn euer gegenwärtiges Energiefeld *alles* mit dem zu tun hat, was ihr früher erlebt habt. Dennoch ist es wahr, dass ihr nicht wissen müsst, was jemand in den letzten zwölf Monaten getan hat. Ihr müsst euch einfach nur darauf einstimmen, wer dieser Mensch heute ist.

Wenn ihr bewusst und wach seid, und das sind viele intuitive Seelen auf diesem Planeten schon heute (tatsächlich sind alle Menschen intuitiv, aber sie nutzen diese Fähigkeit bisher noch nicht dauerhaft), dann könnt ihr in diesem Moment klar lesen, was Dianna in den letzten zwölf Monaten erlebt hat – nicht in Bezug auf Details, sondern einfach, indem ihr bewusst die Verschiebungen und Veränderungen in ihrer Aura wahrnehmt. Und das gilt für beide Seiten, denn wenn ich dich zwölf Monate lang nicht gesehen habe, hast du mich auch zwölf Monate lang nicht gesehen. Also habe ich – der Mensch, der dich zwölf Monate später wiedersieht – mich ebenfalls verändert. Kein Mensch erlebt zwölf Monate lang völligen Stillstand!

Es kommt aber auch vor, dass jemand innerhalb von zwölf Monaten einen besonders starken Wachstumsprozess durchmacht. Und dann gibt es für die Menschen wieder andere, ruhigere Entwicklungsphasen, die, sagen wir, weniger aggressiv verlaufen. Aus diesem Grund können Freundschaften und Beziehungen mal mehr, mal weniger synchron verlaufen. Vielleicht fühlt ihr euch einem Freund ein Jahrzehnt lang sehr nahe und verbunden. Und dann kommt eine Phase, die jahrelang oder vielleicht sogar das ganze weitere Leben andauert, in der ihr nicht mehr so synchron seid, weil ihr euch einfach in unterschiedliche Richtungen entwickelt habt.

Ihr seid alle darauf programmiert, euch vor Trennungen zu fürchten oder davor, von eurer Gruppe zurückgewiesen oder verlassen zu werden – denn ihr seid darauf *ausgelegt*, nach Verbundenheit zu streben, und musstet dies bisher auf sehr starre Art und Weise tun. Daher kann sich der Verlust einer Freundschaft sehr beängstigend anfühlen. Der Kummer über den Verlust einer Freundschaft ist nicht nur der Kummer darüber, dass sich eine Freundschaft verändert hat oder dass eine Seele, der ihr euch sehr nahe fühltet, in den kommenden Monaten oder Jahren eindeutig jemand sein wird, mit dem ihr weniger verbunden seid. Es weckt auch die im Menschen tief verwurzelte Angst, getrennt und isoliert zu sein. Dabei handelt es sich um eine spirituelle Angst.

Es ist zum Teil eine menschliche Programmierung, die euch dazu gebracht hat, ständig Gesellschaft zu suchen und diese Verbundenheit auf sehr menschliche Weise zu erzwingen.

Aber wir sagen euch …

Eure wahre Natur als Seele ist es, euch daran zu erinnern, dass ihr ohnehin mit allem verbunden seid.

Jedoch erzählt das menschliche Spiel, in das ihr alle hineingeboren wurdet, euch eine andere Geschichte.

Und genau da beginnt das Unwohlsein – der Kampf zwischen eurer Seele und eurer Menschlichkeit. Es ist kein Kampf, den ihr mit euch selbst ausfechtet. Es ist ein Kampf, der euch von eurer Gesellschaft, eurer Kultur, aufgezwungen wird. Wir sagen das nicht, um euch Angst zu machen oder um mit dem Finger auf jemanden zu zeigen. Es ist einfach eine Wahrheit. Der tiefsitzende Wunsch, sich zu verbinden und verbunden zu sein, ist ein großes Verlangen und eine Wahrheit der Seele.

Doch sehr viele eurer menschlichen Systeme und Bräuche wurden von eurer Gesellschaft in einer Weise »organisiert«, die es euch nicht gestattet, euch in eurem Herzen, in eurer Liebe oder in eurer Verbundenheit füreinander offen zu fühlen. Das ist das Unwohlsein, das euch auf der gesellschaftlichen Ebene gerade so besonders stark zu schaffen macht. Und gewiss können viele von euch bestätigen, dass dieser Konflikt gegenwärtig kurz vor dem Überkochen steht, weil die alten Regeln und Vorschriften einfach hinten und vorne nicht mehr passen.

Und während viele von euch das feiern und als einen wunderbaren Schritt in Richtung einer Gesellschaft sehen, in der mehr Einssein möglich wird, ist die Angst, die der Zusammenbruch des alten Systems auslöst, sehr real für den menschlichen Körper und das menschliche Nervensystem, weshalb diese Zeiten für euch turbulent sind – transformierend, ja, aber auch turbulent und höchst beunruhigend.

DIANNA: Ich möchte noch einmal einen Schritt zurückgehen, ehe ich weitere Fragen stelle, die in die Richtung führen, über die ihr gerade gesprochen habt. Ich möchte noch ein bisschen länger bei der Überlegung bleiben, wie ihr etwas erfahrt und woher ihr es wisst. Denn ich möchte mir selbst (und den Lesern, die sich dafür interessieren) gerne beibringen, diese Fähigkeit, die ihr anwendet, als ein mächtiges Werkzeug der Kommunikation und des Einsseins selbst zu nutzen: die Fähigkeit, in das Feld eines Menschen *hineinzufühlen* – ich bin mir über die Terminologie noch nicht so ganz im Klaren – und dabei in der Zeit vorwärts und auch rückwärts zu schauen.

Ich darf euch dafür ein Beispiel geben: Vor etwa sechs Monaten führte ich ein Gespräch mit euch, bei dem wir uns über einige persönliche Dinge in meinem Leben unterhielten. Und ihr erwähntet, ich hätte im Alter von neun bis dreizehn Jahren an einem bestimmten Ort gelebt und musste während dieser Zeit »einige Tode sterben«, mich also von damals für mich sehr wichtigen Dingen lösen. Damit lagt ihr völlig richtig. Das war genau in dieser Phase meiner Kindheit, von neun bis dreizehn Jahren. Lee habe ich nie von dieser Zeit in meinem Leben erzählt, und daher kann man nicht sagen: »Okay, diese Informationen hattet ihr, weil Lee und ich zuvor darüber gesprochen hatten.« Woher wusstet ihr also, dass es wichtig war, mir das mitzuteilen? Woher bezieht ihr derartige Informationen?

DIE Z: Es mag einige Leser überraschen, aber in solchen Momenten eines Gesprächs gibt uns eure Seele sozusagen das entsprechende Buch aus eurer Bibliothek. Manche von euch glauben vielleicht, wir wären allwissend oder allsehend und hätten die Macht, euch hilfreiche Informationen zu geben.

Aber schaut: So etwas denkt ihr nur, weil ihr der sehr menschlichen Vorstellung anhängt, ihr wäret vom Geist abgetrennt. Und noch einmal: Die meisten von euch sind so aufgewachsen, und daher ist das auch völlig in Ordnung. Es ist nicht »schlecht« – es ist einfach die Art, wie euer Leben auf der Erde im Moment strukturiert ist. Und deshalb ergibt das Konzept der Seelenkommunikation für viele Menschen derzeit einfach keinen Sinn – was, wie gesagt, überhaupt nicht schlimm ist.

Wir sprechen das an, weil wir in diesem Moment unseres Dialogs mit dir, von Seele zu Seele, gemeinsam schöpferisch waren. Und das ist es, was dieses Gespräch ausmacht.

Dies ist ein Seelengespräch, das ihr mit euch selbst führt, indem ihr euch mit uns verbindet, so wie ihr euch auch mit anderen Geistwesen im Universum verbinden könnt. Es ist alles verfügbar und möglich.

Es ist nichts Besonderes an einem bestimmten Führer oder Wesen, obgleich wir wissen, dass es auf der Erde hierarchische Vorstellungen über bestimmte Engel gibt.

Und das ist so auch völlig in Ordnung.

In dem Moment, als du, Dianna, über einen Bereich deines persönlichen Wachstums nachdachtest, war es für deine Seele von Bedeutung, uns ein Buch aus deiner Bibliothek zu überreichen, in dem niedergelegt ist, dass du im Alter von neun bis dreizehn Jahren mehrere Todeserfahrungen durchgemacht hast. Das war für dich äußerst wichtig.

Und der Grund, warum wir dieses Buch für dich lesen konnten, war, dass du uns dazu die Erlaubnis gabst. Jede Art von geistiger Kommunikation – sei es diese Form des Channelings, sei es Intuition oder Medialität oder irgendein anderer Begriff, der auf der Erde dafür verwendet wird – ist *immer*, *immer* ein Akt der Zusammenarbeit. Es ist niemals ein hierarchischer Akt. Es ist niemals etwas, das euch, den Menschen, aufgezwungen wird. Es ist etwas, zu dem ihr in Beziehung tretet.

Der Grund dafür, dass Lee nichts darüber wissen muss, ist, dass er an deinen damaligen Erfahrungen nicht beteiligt war. Und selbst wenn er es gewesen wäre (in deinem seinerzeit noch recht jungen Alter), wäre es nicht unbedingt relevant für ihn, alle deine diesbezüglichen Informationen zu kennen. Deshalb sagen wir, dass wir nicht alles über die Details eures Lebens wissen müssen, denn wir haben ja die Bücher, in denen die Themen eures Lebens aufgezeichnet sind. Und wir sind hier, um mit euch auf der Seelenebene zu sprechen.

Für einen traditionellen erdgebundenen Therapeuten oder Lebensberater oder für jemandem, dessen Arbeit einfach darin besteht, den Erfahrungen und Ereignissen im Leben eines Menschen Raum zu geben, ist es äußerst ratsam, wenn er sich intensiv mit den Details eurer Lebenserfahrung beschäftigt. Durch die Beschäftigung mit Details fördert ihr Teile von euch selbst zutage und heilt sie, und gleichzeitig verfeinert und vervollständigt ihr eure Lebensgeschichte. Aber für uns ist die Beschäftigung mit diesen Details nicht sehr lange notwendig, weil wir euch immer wieder zu eurem größeren Selbst zurückführen. Und das existiert jenseits der Details. Verstehst du?

DIANNA: Ja, ich verstehe. Ihr und ich verfolgen das gleiche Ziel, nämlich dass all die Gespräche dazu dienen, den Menschen zu zeigen, wie sie das, worüber wir hier sprechen, selbst tun können, oder zumindest das Interesse in ihnen zu wecken, dies in Zukunft näher zu erforschen. Ich weiß es also sehr zu schätzen, wenn ihr sagt, dass es nicht darum geht, dass ihr alles über mich wisst. Ihr weist mich nur darauf hin, wie ich mir selbst Zugang zu diesem Wissen verschaffen kann, und das ist der Punkt, auf den wir uns im weiteren Verlauf des Gesprächs konzentrieren werden. Daher möchte ich jetzt hier aufhören und euch nur noch eine Frage zu diesem Buch stellen, das meine Seele euch zeigte.

DIE Z: Lass uns davor noch etwas sagen, um das derzeitige Thema zu beschließen. In der Eingangsfrage sprachst du über Multidimensionalität und die Erfahrung des Menschseins. Dazu möchten wir das Folgende ergänzen …

Die Erfahrung des Menschseins ist immer multidimensional. Selbst die spirituell skeptischsten Menschen auf der Erde oder diejenigen, die nicht an irgendetwas glauben, was mit Energie oder Intuition zu tun hat, machen eine multidimensionale Erfahrung als menschliche Wesen.

Es ist nur so, dass man ihnen beigebracht hat, diese Erfahrungen auf eine bestimmte Art und Weise zu verarbeiten. Ihr könnt zum Beispiel als Freigeist und Freidenker auf die Welt kommen, aber wenn ihr in eine Kultur hineingeboren werdet, die ziemlich starr ist und von euch verlangt, euch in gewisser Hinsicht zu verschließen, werdet ihr in eine von zwei Richtungen gehen: Entweder ihr passt euch allmählich an, oder ihr rebelliert, entwickelt selbstzerstörerisches Verhalten und macht alle möglichen Probleme durch, weil ihr euch nicht anpassen könnt.

Selbstverständlich habt ihr auch später im Leben stets die Möglichkeit, euch wieder zu öffnen. Deshalb erleben viele Menschen in ihren Fünfzigern oder Sechzigern Epiphanien und öffnen sich plötzlich für ihre Seele oder ihre wahre Essenz, die sie zuvor lange Zeit unterdrückt hatten.

Wir erwähnen das, weil spirituell orientierte Leute manchmal irrtümlich glauben, Multidimensionalität wäre etwas Besonders, das nicht ständig um euch herum stattfindet.

Doch genau das ist der Fall. Es ist nur so, dass euch in eurer Kultur anerzogen wurde, die ständige Multidimensionalität auszublenden. Denke einmal an den Ausgangspunkt für dieses Gespräch – an deine Überlegung: »Warum erkundigen sich die Menschen untereinander immer wieder, wie es ihnen geht und was sie getan und erlebt haben?« Unsere Antwort lautet, dass in einer Gesellschaft, in der man sich der Multidimensionalität der Existenz stärker bewusst ist, Fragen dieser Art überflüssig wären. Wenn sich in einer solchen Gesellschaft zwei Menschen begegnen, die sich länger nicht gesehen haben, würden sie sich einfach für einen Moment schweigend gegenüberstehen und *fühlen*, also ein, zwei Minuten lang Schwingungseindrücke des anderen Menschen in sich aufnehmen. Und dann wäre es überhaupt nicht mehr nötig, zu fragen: »Wie geht es dir? Wie ist es dir ergangen?« Sie würden es wissen. Sie würden den Menschen im Jetzt wahrnehmen und sich mit ihm verbinden. Aber wegen des Getrenntseins auf diesem Planeten braucht ihr alle ein gewisses formelles Händeschütteln, um euch auf den neuesten Stand zu bringen.

Ihr fragt euch unbewusst: »Ist es ungefährlich, die Aura dieses Menschen zu erfühlen? Oder sollte ich vielleicht doch lieber erst die gesellschaftlich üblichen Höflichkeiten mit ihm austauschen, auf die wir uns alle verständigt haben? Dann wird er es hoffentlich nicht mehr aufdringlich finden, wenn ich mit meinen Augen oder all meinen Sinnen aufnehme, was er ausstrahlt.«

Ihr seht also: Vieles davon ist Schüchternheit, weil die Menschen einfach nicht daran gewöhnt sind, sich gegenseitig mit dem Herzen, den Augen und den Sinnen wahrzunehmen. Und für viele kann es ein ziemlich einschüchternder Moment sein, so gesehen zu werden, denn sie spüren die Seelenpräsenz desjenigen, der sie »scannt«. Das macht ihnen bewusst, in welch enges Kleid sie *ihre* Seele eingezwängt haben.

Und so kann es bei einem Menschen, der sich in dieses energetische Korsett gezwängt hat, ein gewisses Unbehagen auslösen, wenn er von jemandem mit sehr offenen Augen und offenem Herzen angeschaut wird. Es kann sich anfühlen, als würde ihn jemand »durchleuchten«. Deshalb reagieren manche Menschen mit Abwehr oder empfinden es als Überforderung, wenn sie plötzlich einem sehr offenherzigen Menschen begegnen, einem Menschen mit geöffneter Seele.

Und oft interpretieren diejenigen von euch, die in diesem Beispiel das Gegenüber mit dem weiten Herzen und der offenen Seele sind, die abwehrende Reaktion falsch und suchen die Schuld bei sich. Ihr sagt euch dann: »Oh, ich war aufdringlich«, oder: »Oh, ich habe es wohl ein bisschen übertrieben, ich war zu intensiv.« Nein, ganz und gar nicht. Ihr wart einfach ihr selbst. Und dass ihr euch so offen und wahrhaftig zeigtet, hat dem anderen nur verdeutlicht (nicht unbedingt mental bewusst, aber energetisch), wie in sich gefangen und verschlossen *er* ist.

Das löst dann bei diesem Menschen unangenehme Schwingungen aus. Wenn er den Lichtstrahl eurer Seele spürt, der auf ihn fällt, wird ihm bewusst, wie eingeengt er sich in Wahrheit fühlt. Und manchmal gibt sein Verstand daraufhin euch die Schuld. Er wendet sich womöglich gegen euch und sagt: »Ich mag diesen Menschen nicht. Er ist mir zu intensiv. Ich mag nicht, wie er mich ansieht.« Nun, in Wahrheit schaut ihr euer Gegenüber einfach nur offen aus dem Herzen heraus an.

DIANNA: Das sind ausgezeichnete Erklärungen für das, was wir vorhin besprochen haben. Ich möchte hier noch eine Kleinigkeit ergänzen, und zwar in Form einer Frage: Wie können wir einem Menschen dabei helfen, sich wohler damit zu fühlen, das Energiefeld eines anderen zu lesen oder sein eigenes Feld mit anderen zu teilen? (Ich bin mir nicht sicher, wie die genaue Terminologie lautet.) Und wie geht ein Mensch am besten damit um, dass ein anderer ohne Worte wahrnimmt, wie er sich fühlt und was in ihm vorgeht? Wie können wir diese Form der Kommunikation für die Menschen angenehmer machen, so dass sie sich gerne darauf einlassen und bereit sind, es auszuprobieren und Erfahrungen damit zu sammeln?

Und noch etwas: Natürlich steckt hinter all dem Angst – die Angst, gesehen zu werden. Es ist interessant, dass wir heute in einer Kultur leben, in der wir *so* sehr gesehen werden wollen. Man erkennt das gut an den Likes und Dislikes auf allen möglichen Internetplattformen. In Wahrheit verbirgt sich dahinter die Einstellung »Sieh, wovon ich will, dass du es siehst, aber sehe nicht wirklich *mich*«. Das vermischt sich meiner Meinung nach mit dem, was ihr gerade gesagt habt.

DIE Z: Beginnen wir mit deiner ersten Frage. Viele von euch, die das hier lesen, sind inzwischen ziemlich gut darin, dafür zu sorgen, dass andere Menschen sich in ihrer Nähe »sicher« fühlen. Und viele von euch tun das schon ganz selbstverständlich. Sie haben vielleicht auf die harte Tour gelernt, nicht zu schnell zu sagen, was Sie sehen. Und Sie haben herausgefunden, wie Sie jemanden mit einem Händedruck beruhigen können, bevor Sie ihn umarmen. Übrigens, nicht jeder will eine Umarmung, und das ist auch völlig in Ordnung – nur um das klarzustellen.

Nehmen wir zum Beispiel an, ihr habt ein gutes Gespür dafür entwickelt, was in einem Menschen vorgeht. Das heißt nicht, dass ihr jeden Gedanken dieses Menschen lesen könnt, aber ihr *könnt* erkennen, dass der Mensch, der gerade den Raum betreten hat, sich ein wenig niedergeschlagen oder traurig fühlt. Man hat das Gefühl, dass er etwas mit sich herumträgt, was ihn belastet.

Vielleicht hatte er kurz vorher eine schwierige Auseinandersetzung mit jemandem. Vielleicht liegt ein ihm nahestehender Mensch im Sterben, und er trägt *das* mit sich herum. Er möchte vielleicht nicht unbedingt mit anderen darüber sprechen, aber man merkt es ihm an. Ihr könnt es spüren, wenn er hereinkommt. Statt sofort darauf einzugehen, könntet ihr – als geschickter Kommunikator, der weiß, dass nicht jeder sofort eine große »Seelenumarmung« will – dem Betreffenden ein oder zwei Fragen stellen, um ihn zu beruhigen.

Ihr könntet etwas sagen wie: »Wie schön, dich zu sehen. Kann ich dir etwas zu trinken anbieten? Wollen wir uns setzen?« Ihr beginnt das Gespräch sozusagen eine Stufe niedriger und gebt dem anderen damit Gelegenheit, sich zu akklimatisieren. Das ist sehr wichtig. Es ist nicht eure Aufgabe, jemanden dazu zu zwingen, sich zu öffnen. Wenn ihr wirklich Harmonie und Einssein anstrebt, werdet ihr darauf achten, nur so schnell vorzugehen, wie der andere es gerade verarbeiten kann, so wie ihr es euch ja auch von anderen wünscht, wenn ihr euch in Not befindet oder jemanden braucht, der euch hilft, wieder seelische Verbindung aufzunehmen.

Man sollte immer daran denken, dass jeder Mensch etwas anders »tickt«. Es gibt Menschen, die es mögen, wenn man schnell auf den Punkt kommt; sie sind dann bereit, sich darauf einzulassen. Andere dagegen fühlen sich wohler damit, alles sanfter und langsamer anzugehen. In dieser Hinsicht ist jeder von euch einzigartig. Um noch einmal auf diesen Freund zurückzukommen, der zu euch kommt und bei dem ihr spürt, dass er etwas mit sich herumträgt. Vielleicht könnt ihr ihn mit ein paar freundlichen Worten beruhigen, so dass er sich wohler fühlt. Ihr gebt ihm die Möglichkeit, die Bedingungen eures Treffens in gewisser Weise zu diktieren. Und ihr konzentriert euch darauf, es ihm angenehmer zu machen, zum Beispiel indem ihr Tee oder Kaffee anbietet oder fragt: »Ist es dir lieber, wenn wir uns in ein anderes Zimmer setzen oder in den Garten?« Vielleicht haltet ihr auch erst einmal Small Talk, damit euer Gast sich auf euch und eure Frequenz einstimmen kann.

Dann, an einem bestimmten Punkt, wenn er sich wohler fühlt, weil er sich nun schon etwas länger in eurer Aura, eurem Energiefeld aufhält, wird euer Besucher sich entspannen. Wie ist es dagegen, wenn ihr einfach stumm dasteht und ihn eine Minute lang anstarrt, weil ihr gemerkt habt, dass er sich unwohl fühlt, und dann Dinge zu ihm sagt wie: »Mein Herz kann spüren, wie verzweifelt du bist«? Geht er daraufhin in Abwehrstellung oder zieht er sich in sich selbst zurück, wäre das ein Zeichen, dass ihr besser euren Kurs ändern und euch anders verhalten solltet.

Wenn ihr wirklich wollt, dass zwischen euch und diesem Menschen Offenheit entsteht, werdet ihr etwas langsamer und behutsamer vorgehen und daran arbeiten, dass er sich wohl bei euch fühlt. Merkt ihr hingegen, dass ihr aktuell nicht in Resonanz mit ihm steht, ist das kein guter Moment für eine offene Kommunikation, und ihr solltet das Gespräch vielleicht beenden, bevor er sich euch gegenüber öffnet.

Wir erwähnen das, weil sich viele von euch an eine Zeit aus eurer Vergangenheit erinnern, in der jemand für euch einen sicheren Rahmen schuf, in dem etwas möglich war, was ihr als »spirituelle Erleuchtung« bezeichnen würdet – ein Moment, in dem euch klar wurde, dass ihr in gewisser Weise immer intuitiv seid und keine *Angst* vor eurer Intuition haben müsst, wie es so vielen von euch anerzogen wurde.

Jedes menschliche Wesen ist intuitiv.
Das ist die Wahrheit.

Deshalb müssen noch lange nicht alle diese Gabe nutzen oder sich ihrer bewusst sein. Auch jetzt, in dieser Zeit, muss das nicht unbedingt der Fall sein. Oft ist es durchaus so, dass spirituelle oder intuitive Menschen ein Überlegenheitsgefühl entwickeln. Sie unterstellen unwillkürlich, dass sich alle auf der gleichen Bewusstseinsebene befinden. Aber so funktioniert es auf der Erde im Augenblick leider nicht. Eure Entwicklung ist anders verlaufen. Und es gehört zu den Aufgaben derjenigen unter euch, die sich bereits in den Dimensionen der Spiritualität und Intuition zu Hause fühlen, andere mit diesen Gaben vertraut zu machen, die euch allen angeboren sind.

Wir werden euch nun etwas sehr Wichtiges sagen, was wir euch in den bisherigen Gesprächen schon auf unterschiedliche Weise nahezubringen versucht haben …

Es ist weit weniger wichtig,
dass ihr mit jemandem ein Gespräch
über spirituelle Überzeugungen führt,
als dass ihr es ihm ermöglicht,
sich in eurem Aurafeld wohl zu fühlen.

Damit meinen wir Folgendes: Nehmen wir an, ihr habt einen sehr skeptischen Verwandten oder Freund, und ihr mögt diesen Menschen sehr und es gibt eine gute Verbindung zwischen euch beiden. Dann ist es wichtig, dass ihr eure harmonische Verbindung mit ihm bewusst pflegt. Ihr erkennt vielleicht, dass ihm bestimmte Themen oder Diskussionsbereiche unangenehm sind, also seid mit eurem Herzen bei ihm und sorgt, wenn möglich, für eine liebevolle Atmosphäre. Doch nicht auf eure Kosten, nicht, indem ihr schwierige Energien des anderen toleriert!

Eure Energiefelder sind so viel informativer als alles, was von eurem Verstand kommt. Ihr denkt vielleicht, ihr hättet alle möglichen spirituellen Informationen in eurem Verstand. Aber wir sagen euch: Nein, nein, nein! Euer Verstand interpretiert nur, woran sich euer Energiefeld erinnert. Eurer Energiefeld ist sehr viel interessanter als euer menschlicher Verstand.

Der menschliche Verstand ist zur allmächtigen Macht auf der Erde geworden, und man erwartet von euch Menschen, dass ihr nur durch ihn Informationen weitergebt, weshalb ihr derzeit eine so unausgewogene Gesellschaft habt. Der Verstand wird übermäßig betont, während doch im Grunde das Herz den Menschen am wichtigsten ist. Sie wollen sich wohlfühlen. Das bedeutet nicht, dass ihr den Verstand über Bord werfen und ständig gefühlig und warmherzig sein müsst. Es bedeutet auch nicht, dass jeder auf die gleiche Weise sein Herz zeigt.

Aber durch das Herz, die Energie in der Mitte eurer Brust, könnt ihr euch wohlfühlen, präsent sein, ein Gefühl des Friedens spüren, sogar in schwierigen Bereichen eures Lebens oder in einem Konflikt, den ihr bewältigen müsst.

Seid ihr in der Lage, schnell oder bewusst zu eurem Herzen zurückzukehren, wenn ihr merkt, dass ihr es verlassen habt, weil ihr in die Angst gegangen seid?

Damit sind wir bei der Angst. Wir möchten dich bitten, uns die Frage nach der Angst noch einmal zu stellen.

DIANNA: Auch beim Thema Angst geht es meiner Meinung nach um den verzweifelten Wunsch, gesehen zu werden, den ich bei so vielen Menschen in unserer Kultur wahrnehme. Sie wollen gesehen, gewürdigt und verstanden werden, weil so viele Menschen das Gefühl haben, dass ihnen genau das im Leben fehlt. Gleichzeitig haben sie aber auch furchtbare Angst davor, wie sich die Veränderung, das sich Öffnen, wohl anfühlen wird: »Also, wenn ich mein Herz öffne und du mich dann in dieser Offenheit siehst, ich mich dir auf diese Weise zeige …« Viele von uns gehen inzwischen längst davon aus, verletzt zu werden, wenn sie es wagen, sich zu öffnen.

Ich glaube, unsere Gesellschaft hat diesen interessanten Raum für uns geschaffen: »Erschaffe dir eine virtuelle Persönlichkeit, ein Bild von dir, wie du im Internet und in den sozialen Medien von anderen wahrgenommen werden möchtest.« Du bist dann immer noch nicht wirklich du selbst: »Ich werde versuchen, ein Bild von mir zu schaffen, das nicht verletzt werden kann.« Dieses Bild kann aus Angst und dem Bedürfnis entstehen, denjenigen, der man wirklich ist, vor Verletzungen zu schützen. Ich erlebe ständig dieses Tauziehen mit Menschen, die gesehen werden wollen, es aber nicht wirklich schaffen, so gesehen zu werden, wie sie es sich wünschen.

DIE Z: Wir wissen diese Frage sehr zu schätzen, denn sie eröffnet mehrere Ebenen, die es zu verstehen gilt. Erstens möchten wir Folgendes sagen: Wir stimmen dir zu, dass viele von euch zwar den Wunsch hegen, gesehen oder gehört zu werden. Doch wenn es darum geht, dies in die Tat umzusetzen, zeigt sich, dass sie davor zurückscheuen. Sie haben noch nicht erkannt, dass sie sich vor allem auf der Gefühlsebene nach Verbundenheit sehnen. Sie wollen in ihren Gefühlen von anderen wahrgenommen werden. Aber noch wichtiger ist für sie, dass sie in Kontakt mit ihren eigenen Gefühlen kommen, dass sie lernen, sich selbst zu fühlen.

Viele Menschen sind auf der Suche nach äußerer Bestätigung, weil sie glauben, dass sie sich dadurch besser fühlen werden, zufriedener. Sie glauben, dass die Leere, die sie in sich selbst spüren, verschwindet, wenn genügend Menschen ihnen sagen, wie wunderbar sie sind. Und jetzt sagen wir euch, was daran wirklich brillant ist: Menschen, die euch sagen, wie wunderbar ihr seid, werden all die Bereiche in euch zum Vorschein bringen, die ihr selbst an euch für alles andere als wunderbar haltet.

Lob von außen bewirkt also oft nicht, dass ihr euch besser fühlt, sondern macht, ganz im Gegenteil, alles noch schlimmer.

Deshalb besteht das große Geschenk des Gesehen- und Gehörtwerdens darin, dass man dadurch einen Schritt tiefer gehen kann.

Wenn ihr das Gefühl habt, in eurem Leben genug gesehen oder gehört worden zu sein, von genügend Menschen, dann lasst euch von diesem »Gefühl« leiten.

Ihr wollt fühlen, und ihr wollt euch mit anderen Menschen in eurem Leben verbunden fühlen. Ihr wollt euch mit euch selbst verbunden fühlen. Ihr wollt euch mit der Erde und der Natur verbunden fühlen.

Die Natur ist für euch alle unglaublich wohltuend. Ihr alle geht hinaus in die Natur. Und wenn ihr nicht vollkommen abgeschottet seid gegenüber dem, was da draußen vor sich geht, dann werden mit der Zeit, wenn ihr euch immer wieder in die Natur begebt, eure inneren Mauern fallen. Die Natur ist ein lebendiges Wesen. Und wenn ihr dort draußen seid, könnt ihr das spüren. Deshalb sagen so viele: »Oh, ich fühle mich jetzt so viel besser, weil ich einen Spaziergang gemacht habe.«

Ja, Spaziergänge draußen in der Natur sind definitiv gut für eure Biologie. Euer Körper wird dadurch auf eine sehr gesunde, heilende Weise aktiviert. Die Natur ist kristallin, aber sie ist mehr als nur kristallin. Sie ist elementar, sie ist mineralisch, sie ist lebendig und sie ist sensorisch – es gibt so viele Aspekte, die wir euch nennen könnten.

Wenn ihr euch also in der Natur aufhaltet, könnt ihr euch wieder mit euren Sinnesorganen verbinden.

Der Grund, warum ihr euch gern die kleine Ablenkung eines solchen Spaziergangs gönnt, ist, dass sich jeder Mensch innerlich verbunden fühlen möchte. Und euer Bedürfnis, gesehen und gehört zu werden, entsteht aus diesem Wunsch nach Verbundenheit. Ihr befindet euch, was Technologie betrifft, noch in einer frühen Phase. Da gibt es diese, wie sollen wir es nennen, gewisse Faszination für die neuesten glänzenden und blinkenden technischen Apparate, die euch dazu antreibt, Spiegelbilder von euch selbst ins Internet zu stellen, denen andere Menschen dann Aufmerksamkeit widmen. Ihr verbreitet (in den meisten Fällen) gar nicht bewusst Unwahrheiten, aber was ihr dort von euch zeigt, ist sicher nicht die ganze Geschichte.

Und es gibt Menschen, die ihr Image in einigen Bereichen sorgfältig aufbauen, während sie andere Bereiche komplett ausklammern. Das ist der Grund, warum zum Beispiel eure sozialen Medien (wenn sie nicht auf gesunde und bewusste Weise genutzt werden) sehr belastend sein können. Viele Menschen haben das Gefühl, dass sie im Vergleich zu all denen, die da online ihr vermeintlich fabelhaftes Leben leben, völlig untergehen und bedeutungslos sind. Das viele Surfen durch die sozialen Medien hat bei ihnen dazu geführt, dass sie in ständigen Vergleichen mit anderen steckenbleiben. Warum? Weil genau die Menschen, die solche Bilder posten, ebenfalls dieses Problem ständigen Vergleichens in ihrem Energiefeld tragen; sonst würdet ihr es gar nicht spüren. Würdet ihr euch stattdessen Bilder anschauen, die echte Freude und Verbundenheit ausdrücken, würden erstens diese Probleme nicht auf dieselbe Weise in euch auftauchen und zweitens solche Bilder euch für ein paar Minuten nähren. Anschließend würdet ihr die virtuelle Welt wieder verlassen und hinausgehen, um echte Freude und Verbundenheit zu erleben. Dazu braucht man nämlich kein Display. Aber versteht bitte, dass wir diejenigen unter euch, die ihre Zeit vor dem Computer oder Smartphone verbringen, keineswegs abwerten wollen.

Seid versichert, dass die Technologie noch in den Kinderschuhen steckt, weil ihr euch in einem frühen Stadium technologischer Entwicklung befindet, das viele von euch durch seine Möglichkeiten ein wenig zu sehr blendet. Das ist in Ordnung, denn ihr lernt daraus. Aber das Wichtigste, was wir euch hier vermitteln können, ist: Wenn ihr euch mit jemandem in einem Raum befindet und sein Energiefeld spürt, erhaltet ihr vielleicht zweiundzwanzig Informationen über diesen Menschen. Dann gibt es zweiundzwanzig Dinge über diesen Menschen, die ihr vielleicht fühlt, spürt, aufnehmt.

Das heißt aber nicht, dass ihr all diese Informationen mit eurem Verstand interpretiert. Es ist nicht so, dass ihr sagt: »Oh, hier sind zweiundzwanzig Dinge, die ich gerade über meinen Freund erfahren habe, mit dem ich fünf Minuten lang zusammen in einem Raum war.« Nein, die meisten von euch würden vermutlich nicht mehr als sechs Informationen interpretieren. Aber es sind alle Informationen in eurem Energiefeld vorhanden. Ein Foto liefert euch bedeutend weniger.

Ein Foto kann euch zum Beispiel nur drei oder vier Informationen über eine Seele geben. Wenn ihr eure Intuition einsetzt und Fotos als Spiegel der Seele benutzen könnt, ist das etwas anderes. Aber die meisten Menschen werden lediglich das aufgreifen, was das Foto oberflächlich vermitteln soll. Etwa nach dem folgenden Muster: »Hier bin ich – glücklich mit meiner Familie im Urlaub. Schaut uns an, wie wir zufrieden am Pool stehen.«

Ebenfalls vorhanden, doch viel schwerer zu erkennen, ist auf dem Foto aber vielleicht die Traurigkeit, die dieser Mensch an jenem Tag empfand. Eure Seele würde es spüren, wenn ihr euch in einem Raum mit dem Menschen befändet, doch das Foto vermittelt nur eine verzerrte Sicht. Wenn ihr das Foto linear betrachtet, werdet ihr lediglich die Botschaft sehen, die bewusst vermittelt werden soll.

Betrachtet ihr es hingegen mit offener Seele, werdet ihr vielleicht eine sonderbare Empfindung haben, weil ihr spürt, dass das Foto euch nicht »das ganze Bild« zeigt.

Noch einmal: Alle Menschen haben die Fähigkeit der Intuition – auch jene, die leugnen, dass psychische Energie existiert. Deshalb kann es euch letzten Endes schon etwas traurig machen, wenn ihr durch jede Menge Fotos von Menschen scrollt, die versuchen, ein glückliches Leben zu *projizieren*, statt ein glückliches Leben zu *führen*. Es ist ein bisschen so, als würdet ihr haufenweise Zucker ohne jeglichen Nährwert in euch hineinstopfen. Der Zucker verschafft euch einen raschen Wohlfühlkick, doch dann setzt der Körper alle möglichen Kompensationsprozesse in Gang, um das Gleichgewicht wiederherzustellen und den Zucker loszuwerden.

Deshalb fühlen sich so viele Menschen deprimiert, wenn sie die sozialen Medien benutzen. Sie nehmen den unauthentischen Charakter dessen wahr, was ihnen entgegenkommt. Allerdings (und das ist wichtig) gibt es auch viele, die die Technologie auf sehr kraftvolle und Verbundenheit schaffende Weise einsetzen. Hier kommt wieder die Multidimensionalität der Erde zum Tragen. Es stimmt so gut wie nie, dass etwas nur eine Seite hat. Es gibt immer zahlreiche Aspekte.

Die Technologie hat so vielen von euch in den letzten zwanzig, dreißig Jahren ein großes Geschenk gemacht, denn sie hat euch intuitiv und informativ stärker miteinander verbunden. Ihr lebt jetzt gewissermaßen in einer weniger getrennten Welt, weil ihr in der Lage seid, umfassend Kontakt zueinander aufzunehmen und über das zu sprechen, was vor sich geht. Deshalb gibt es oft den Wunsch, euer Internet zu zensieren. Aber das würde euch in die Trennung zurückversetzen, der Staat würde wieder kontrollieren, was ihr sehen dürft und was ihr nicht sehen dürft.

Wir möchten euch darauf hinweisen, dass die Technologie des Internet noch in den Kinderschuhen steckt und es viele Bereiche gibt, die bisher nicht vollständig verstanden wurden und sich negativ auf eure geistige oder emotionale Gesundheit auswirken können. Aber wie jeder Aspekt des Lebens auf der Erde hält auch dieser eine wichtige Lektion für euch bereit. Um sie zu lernen, müsst ihr allerdings die notwendigen Wachstumsstufen durchlaufen. Es gibt immer auch Positives.

Und wie gesagt, viele Menschen nutzen eure Technologien schon sehr authentisch, um eine kraftvollere, ehrlichere und offenere Kommunikation unter euch allen zu ermöglichen. Sie sollten anerkannt und gefeiert werden. Denn auch wenn viele den »Spiegeleffekt« der sozialen Medien dafür verwenden, eine Version der Realität zu erschaffen, die ihnen ein gutes Gefühl vermittelt – und hoffen, dass die Bestätigung durch andere, die ihre Welt loben, ihnen zusätzlich ein gutes Gefühl verleiht –, lässt doch einiges davon allmählich nach, und immer mehr Menschen streben nach Authentizität, Mitmenschlichkeit und offener, ehrlicher Kommunikation.

Und immer mehr von euch erkennen, dass ihr nicht gerade in einfachen Zeiten lebt. Darum durchschauen viele von euch inzwischen, dass ein Foto, das ganz sonnig und (wenn ihr so wollt) auf Licht, Liebe, Freude und Feiern ausgerichtet ist, sich aber nicht authentisch anfühlt, in Wahrheit genauso künstlich ist wie einige der gesellschaftlichen Systeme eurer Welt, die ihr jetzt auflöst und von innen heraus transformiert.

DIANNA: Ich weiß es zu schätzen, dass ihr das sagt, denn ich erlebe immer mehr Menschen, die sich entmutigt fühlen, weil sie ein Selbstbild von sich in den sozialen Medien erschaffen haben, das ihnen nicht die erhoffte heilende Befriedigung bringt. Sie leiden darunter, als Kind nicht genug gesehen worden zu sein, und geben sich nun viel Mühe, als Erwachsener oder älterer Teenager endlich Anerkennung zu finden. Doch der anfängliche Nervenkitzel lässt bald nach, und dann spüren sie, wie dieses Bild, das sie in den sozialen Medien für die Öffentlichkeit geschaffen haben, wiederum von anderen Menschen als Projektionsfläche genutzt wird. Und sie wissen nicht, wie sie mit diesen von außen kommenden Projektionen umgehen sollen. Es verwirrt sie oder löst Ängste bei ihnen aus. Ich habe schon oft erlebt, wie sehr das die Leute aus der Bahn werfen kann. Aber ich stimme euch zu, dass es sie auch dazu bringt, das Ganze zu hinterfragen: »Moment mal, warum tue ich das eigentlich? Warum gebe ich vor, etwas zu sein, das ich gar nicht wirklich bin?«

Und dann streifen sie sozusagen diesen projizierten Teil ihrer selbst ab, den sie versehentlich erschaffen haben und der ihnen zu einer Last geworden ist – und kehren wieder in einen ausgeglicheneren Seinszustand zurück. Könnt ihr ein paar ermutigende Worte an die Menschen richten, die sich gerade in einer solchen Situation befinden und versuchen, mit den Projektionen und Erwartungen fertig zu werden, die nicht zu ihrem Besten sind und von anonymen Betrachtern des Materials stammen, das sie in den sozialen Medien veröffentlicht haben?

DIE Z: Sehr schön ausgedrückt. Doch nun möchten wir auf etwas zurückzukommen, was du vorhin sagtest …

> ***Jene von euch, die Angst davor haben, ihr Herz der Welt zu öffnen, sich mit offenem Herzen der Welt zu zeigen, haben diesbezüglich in einem früheren Leben negative, enttäuschende Erfahrungen gemacht.***

Unter euch gibt es viele, die Angst vor Verfolgung, Verurteilung oder Ablehnung haben oder davor, von der Gesellschaft attackiert zu werden, wenn sie Herz und Geist öffnen und dies auch nach außen zeigen. *Euch allen* machen entweder alte Prägungen aus früheren Inkarnationen auf der Erde zu schaffen, oder ihr entstammt einer Ahnenreihe, die dieser Art von Verfolgung und Ablehnung in hohem Maß ausgesetzt war.

Übrigens war das früher ja überhaupt nichts Besonderes oder Einzigartiges. Noch vor hundert, zweihundert, dreihundert oder vierhundert Jahren gab es im Alltag der Menschen viel mehr Brutalität als heute. Solche traumatischen Erfahrungen liegen also gar nicht so weit zurück.

Erstens müssen wir euch *darauf* unbedingt hinweisen, denn ein Problem, das vielen zu schaffen macht, wenn sie online gehen, besteht darin, dass sie es plötzlich mit einer anonymen Masse von Menschen zu tun haben – eine völlig andere Situation als das, was die meisten von euch vor, sagen wir, fünfzig Jahren erlebten, als es das Internet noch nicht gab. Ihr alle müsst also, wenn ihr euch auf dieses weite, offene Spielfeld begebt, herausfinden, wie ihr euch dabei selbst im Gleichgewicht halten könnt – psychisch, emotional, geistig und energetisch.

Zweitens ist es uns sehr wichtig, auf das einzugehen, was du, Dianna, über Menschen gesagt hast, die sich als Kinder nicht gesehen und angenommen fühlten und nun als Erwachsene versuchen, diese Wunde zu heilen oder zu verarbeiten, indem sie sich in die Öffentlichkeit der sozialen Medien begeben. Wir möchten euch daran erinnern, dass dies eine kollektive Erfahrung von euch allen ist.

Eine der heiklen Aufgaben für jemanden, der eine traumatische Erfahrung durchgemacht hat, ist die Integration des Erlebten in die eigene Persönlichkeit. Nehmen wir einmal an, ihr wurdet als Kind immer wieder drangsaliert und schikaniert. Später verdrängt ihr diese Erlebnisse so gut es geht, versucht, sie aus eurem Gedächtnis zu streichen. Dann, inzwischen seid ihr Anfang zwanzig, habt ihr Erlebnisse, die bewirken, dass ihr euch wieder an das erinnert, was damals geschah. Gleichzeitig läuft in eurem Leben aktuell einiges schief. Eine Freundin schlägt euch vor, eine Therapie zu machen oder ein bestimmtes Buch zu lesen, das euch die Augen dafür öffnet, wie sich einige der Ereignisse, die euch als Kind widerfahren sind, jetzt in eurem Verhalten und euren Erfahrungen widerspiegeln. Diese Erfahrungen erfordern es, dass ihr euch bewusst mit eurer Vergangenheit auseinandersetzt und euer Kindheitstrauma heilt. Ihr müsst euch liebevoll dem Kind in euch zuwenden, das damals so tief verletzt wurde, aber diesen Teil seiner Erfahrungen vor sich selbst verbergen musste, um zu überleben.

Dass ihr euch so verhaltet, ist verständlich, denn es ist das, was man euch allen beibringt – Dinge vertuschen oder verdrängen und einfach weitermachen. Aber manchmal beginnt das, was ihr vor anderen (und euch selbst) verbergt, in euer Leben einzudringen. Wenn das, was ihr vertuscht habt, so viel Raum in eurem Energiefeld einnimmt, dass es eure Entwicklung, euer Wohlergehen und eure Kraft, euer Leben zu gestalten, massiv beeinträchtigt, müsst ihr in die Vergangenheit zurückgehen und helfen, diesen Teil von euch zu heilen, ihn bewusst in eure Persönlichkeit zu integrieren.

Es gibt eine Zeit und einen Ort in eurem Leben, an dem ihr euch darauf konzentrieren könnt, was euch widerfahren ist und wie schwierig es war. Das ist sehr wichtig zu verstehen, besonders für diejenigen unter euch, die gelernt haben, das, was ihnen widerfahren ist, zu rationalisieren.

Es ist ganz normal, dass viele, die sensibel und offen sind, das, was ihnen passiert ist, relativieren und sagen: »Es war schlimm, ja, aber es gibt so viele andere Menschen auf der Welt, die gerade viel mehr leiden als ich. Also werde ich das, was mir passiert ist, einfach übergehen, weil mein Mitgefühl meine Aufmerksamkeit auf all die anderen Seelen lenkt, die ebenfalls leiden, aber viel schlimmer dran sind als ich.«

Gebt euch selbst die Freiheit anzuerkennen, dass ihr nicht zwischen dem einen oder dem anderen wählen müsst – ihr könnt durchaus Mitgefühl für all die anderen Seelen empfinden, die leiden, und euch trotzdem um eure eigenen traumatischen Erfahrungen kümmern. Ihr seid in der Lage, an jedem Tag eure Aufmerksamkeit frei hierhin und dorthin zu lenken. Das ist die multidimensionale Natur des Lebens.

Ihr kümmert euch liebevoll um euer eigenes Leiden und seid euch auch des Leidens anderer bewusst und versucht, ihnen zu helfen oder sie zu unterstützen. Das ist Multidimensionalität.

Wir lenken eure Aufmerksamkeit auf diese »Phase der persönlichen Integration« leidvoller Erfahrungen, weil ihr euch während der Phase vielleicht sehr intensiv mit dem beschäftigt, was euch selbst widerfahren ist. An einem bestimmten Punkt werdet ihr euch dann fragen: Wenn das mit mir passiert ist, wie ergeht es all den anderen Menschen auf dem Planeten?

Ihre Geschichte ist vielleicht nicht dieselbe. Sie wurden vielleicht nicht brutal auf dem Spielplatz gemobbt, aber vielleicht wurden sie in ihrer Familie subtil verbal gemobbt. Nicht jeder hat eine Mobbing-Geschichte, und doch hat jeder etwas, das wir eine »Verletzung« nennen. Und viele von euch haben in ihrem Leben immer wieder Verletzungen erlitten.

Wenn ihr darunter leidet, dass ihr euch nicht genügend wahrgenommen und wertgeschätzt fühltet oder fühlt, und das allzu persönlich nehmt und versucht, diese Lücke zu füllen, solltet ihr euch daran erinnern, dass es heute viele Menschen auf der Welt gibt, die sich genauso oder noch schlimmer fühlen als ihr in diesem Moment. Ihr seid also nicht allein.

Und ihr habt es hier ebenso wie mit einer persönlichen Wunde auch mit einer kollektiven Wunde zu tun.

Deshalb ist es, wie wir immer wieder sagen, wirklich hilfreich für euch, wenn ihr euch eingesteht, dass es auf diesem Planeten sehr viele Verletzungen gibt. Das mag für einige von euch deprimierend sein, besonders für jene, die einen guten Draht zu den Engeln haben. Bei ihnen ist es Teil ihrer Veranlagung, die helleren, lichtvolleren Seiten des Lebens zu bevorzugen. Wir sagen jedoch nicht, dass ihr euch auf die deprimierende Tatsache fixieren solltet, dass jeder Mensch Verletzungen mit sich herumträgt. Wir denken nur, dass niemandem von euch damit gedient ist, diese Wahrheit zu leugnen.

Viele von euch wurden dazu erzogen, nicht über schmerzhafte oder schwierige Erfahrungen zu sprechen, sondern einen

Mantel des Schweigens darüber auszubreiten. Hier kommen wir auf deine frühere Frage zurück, Dianna. Wir haben dazu gesagt, dass sich seit einigen Jahren durchaus auch positive Seiten eurer Technologie zeigen. Eure Technologie fängt tatsächlich an, einen Raum für Heilung zu schaffen, und zwar auf ziemlich reife, erwachsene Art und Weise.

Das erwähnen wir aus folgendem Grund …

Eine persönliche Wunde ist immer auch eine kollektive Wunde.

Und obwohl wir verstehen, dass es euch nicht immer hilft, die Dinge so zu betrachten – vor allem während bestimmter Phasen eurer persönlichen Heilungsreise –, werdet ihr letztlich genau dorthin gelangen. Der größte Trick, mit dem man euch Menschen hereinlegte, bestand darin, euch in eurem eigenen Kopf zu isolieren. Und auch darin, in euch Scham hervorzurufen – euch zu sagen, für welche Gedanken ihr euch schämen sollt und für welche Gefühle – euch einzureden, dass ihr, wenn ihr bestimmte persönliche Wahrheiten nicht verschweigt, sondern öffentlich zum Ausdruck bringt, von der Gesellschaft abgelehnt werdet. Dadurch seid ihr jetzt alle in euch selbst gefangen, in großer Distanz zu euren Mitmenschen, und doch wünscht ihr euch sehnlichst, hungert förmlich danach, miteinander in Verbindung zu stehen. Sicher nicht die ganze Zeit über – einige von euch brauchen auch genug Zeit für sich selbst. Aber auf einer tiefen, inneren Ebene wisst ihr, dass ihr alle miteinander verbunden und im Wesentlichen gleich seid. Trotzdem lebt ihr in einer Welt, die euch Trennungen und Hierarchien auferlegt, beruhend auf Ethnie, Geschlecht, gesellschaftlicher Stellung und Einkommen – ein Konstrukt aus vielen Illusionen, in dem ihr alle lebt.

Die Gefahr der Trennung ist also ständig um euch herum präsent. Die auf der Erde vorherrschenden Konstrukte sagen euch ständig, dass ihr voneinander getrennt seid. Und das erzeugt in euch Angst und Furcht, weil das etwas nicht, was nicht aus dem Herzen, aus der Liebe kommt.

Ihr hört oft: »Es gibt nur Liebe und Angst«, und das bringt die Polaritäten auf den Punkt, zwischen denen ihr auf der Erde hin- und hergerissen seid. Ihr alle bevorzugt das Gefühl der Liebe, denn Liebe ist der Ort, an dem Verbundenheit, Einssein und Spiritualität existieren. Angst ist ein sehr menschliches Konstrukt. Und Angst ist da, wo es keine Verbundenheit gibt.

Wenn ihr nicht mit eurem Geist, eurem Herzen, eurer höheren Macht und der größeren Sicht auf das, was auf eurem Planeten und in eurem Alltag vor sich geht, verbunden seid, werdet ihr viel mehr in Angst leben. Ihr solltet euch nicht verurteilen, wenn euch klar wird, dass dies auf euch zutrifft. Angst ist Teil des menschlichen Spiels und der Heilung des Menschen. Ihr seid euch dessen schon bewusst, bevor ihr euch entscheidet, hier zu inkarnieren. Einige von euch kommen hierher, um diese Angst so schnell wie möglich zu überwinden und ein Symbol und Gefäß für die Liebe zu werden und durch diese Liebe ein Vorbild für andere zu sein. Andere kommen aus anderen Gründen hierher.

Ihr werdet viele Male durch die Skala von Angst und Liebe gehen, um aus dieser Perspektive anderen zu dienen und ihnen zu helfen. Es gibt also kein »besser«. Wir beschreiben euch nur die Straßenkarte für eure Reise. Und wieder möchten wir unsere Antwort damit beenden, dass wir euch an etwas erinnern …

Die Welt ist verwundet,
aber sie ist auch voller Licht.
Sie ist angefüllt mit Licht und Bewusstsein.

Doch sie ist eben auch voller Verletzungen. Das in aller Klarheit wahrzunehmen, kann euch das Leben leichter machen statt schwieriger. Dennoch verstehen wir, dass ihr mit einem gewissen Maß an Depression, Trauer und Widerstand auf die Erkenntnis reagiert, dass überall um euch herum Wunden existieren, während der Geist und das Licht ebenfalls überall sind.

DIANNA: Das war eine sehr umfassende, tiefgehende Antwort, und ich danke euch dafür. Ich möchte noch einmal auf den Gedanken zurückkommen, wie bewusste und multidimensionale Kommunikation funktioniert – wobei uns klar sein sollte, dass wir die ganze Zeit auf diese Art kommunizieren, ob wir uns dessen bewusst sind oder nicht.

Und ich möchte darauf eingehen, wie sich das im Leben der Menschen zeigt, damit sie das, worüber wir hier sprechen, besser erkennen und verstehen, um bewusst entscheiden zu können, ob und wann sie es nutzen oder nicht nutzen.

Als ich mit meiner letzten Frage ansprach, wie wichtig es ist, dass wir lernen, unsere Projektionen und Erwartungen bewusst zu managen, kam mir in den Sinn, dass mir als Kind gesagt wurde, ich sei ein »psychischer Schwamm«. Damals hatte ich noch nie von diesem Begriff gehört. Es war in den 1970er Jahren, als jemand das zu mir sagte. Ich hatte Schwierigkeiten zu verstehen, wie es möglich war, fröhlich in den Supermarkt zu gehen, einzukaufen, die Leute anzulächeln und mit ihnen und der Kassiererin zu plaudern, und gleichzeitig zu spüren, dass mein Herz schwer wurde von all dem, was ich dort intuitiv spürte und aufnahm. Und das ist nur ein kleines Beispiel.

Ich konnte die wahren Gefühle der anderen in der Schule aufschnappen und auch bei mir zu Hause in der Familie. Bis eines Tages jemand zu mir sagte: »Also, du bist echt ein psychischer Schwamm!« Und das machte Sinn. Ich erkläre mir das so, dass ich mich mit den Feldern der Menschen verband – den Aurafeldern oder Energiefeldern. Im Nachhinein betrachtet war mir das nicht dienlich. Und natürlich geschah es in meinem Fall damals unbewusst. Ich bemerkte nur die emotionalen Veränderungen in mir und fragte mich, was wohl die Ursache dafür war.

Beschreibt uns doch bitte, wie man, aus eurer Sicht, den Menschen helfen kann, diese Dynamik besser zu erkennen, und wie wir daraus eine starke, von uns bewusst eingesetzte Fähigkeit entwickeln können, statt unsere Verbundenheit mit den Empfindungen anderer Menschen als Belastung zu empfinden.

DIE Z: Erstens ist das für viele »psychische Schwämme« ein sehr guter Fokus für ihren eigenen Weg. Eine andere Bezeichnung für sie ist Empathen – es gibt viele verschiedene Bezeichnungen und Worte, die euch helfen können, diese Verhaltensmuster und Energien in euch zu erkennen.

Menschen, die so veranlagt sind, neigen dazu, alle möglichen Gelegenheiten zum Lernen wahrzunehmen. Die Frage ist nur, *ob* sie daraus lernen oder nicht. Wenn wir deinen Fall als Beispiel nehmen, wirst du nun, wo du das über dich weißt, bewusst entscheiden, ob und wann du bestimmte Orte aufsuchst. Wenn dein Energielevel gerade recht niedrig ist, wirst du beschließen, an diesem Tag nicht in den Supermarkt zu gehen, weil du dich nicht stark genug dafür fühlst. Du wirst am nächsten oder übernächsten Tag hingehen, wenn du dich wieder robuster fühlst.

Es gibt hierzu eine Reihe von Techniken, die ihr alle anwenden könnt. Bei einigen von euch funktionieren Worte gut. Zum Beispiel haben wir Lee und den Teilnehmern eines seiner Workshops vor vielen, vielen Jahren diese Affirmation mit auf den Weg gegeben: »Ich löse mich von allen Energien und Emotionen, die nicht meine eigenen sind.« Diese Affirmation wendet Lee jedes Mal an, bevor und nachdem er mit den

Energiefeldern einer großen Zahl von Menschen interagiert. Er benutzt sie wie ein Mantra, und das ist sehr hilfreich für ihn und für viele andere, die es inzwischen einsetzen. Es gibt auch noch ein paar andere empfehlenswerte Methoden, die ihr anwenden könnt. Ihr könnt visualisieren, dass ihr in weißes Licht eingehüllt seid. Ihr könnt vor und nach energetisch intensiven Begegnungen ein bestimmtes Musikstück anhören. Das alles sind Möglichkeiten, euer Feld zu reinigen.

Aber ihr könnt auch bewusst entscheiden, eure Energie in euch selbst zurückzuziehen. Allerdings ist das eine Maßnahme, vor der Empathen tendenziell eher zurückscheuen. Nehmen wir an, ihr geht normalerweise lächelnd durch den Supermarkt und schaut die Leute an. Wenn ihr nun einen schlechten Tag habt, an dem ihr euch energetisch schwach fühlt, könnt ihr, bevor ihr den Supermarkt betretet, sagen: »Ich werde mich heute zurückhalten. Ich werde den Leuten kein Lächeln schenken, denn das fühlt sich nicht richtig an, und ich bin mir nicht sicher, ob ich in der Lage bin, heute auf diese Weise mit Menschen in Kontakt zu treten. Ich werde hineingehen und die wenigen Dinge einkaufen, die ich brauche, und dann werde ich gleich wieder gehen. Ich werde absolut angenehm sein, ich werde friedlich sein, aber ich werde nicht versuchen, mich übermäßig zu engagieren. Ich werde heute keine Energie dadurch verlieren, dass ich Verbindung zu anderen Menschen aufnehme und dann alle möglichen Fragmente ihres Energiefeldes aus dem Supermarkt mitbringe.«

Wenn ihr diese Grenze nicht zieht, könnte euer Besuch in dem Geschäft zum Beispiel so aussehen: »Die Frau, die ich angelächelt habe und die sehr traurig war, hat sich ein wenig mit mir verbunden. Und ich war mir dessen nicht bewusst und ging weiter durch den Laden. Und jedes Mal, wenn ich mit einem Menschen interagierte und ihm ein großes, helles, leichtes Lächeln schenkte, begann ich, Fragmente seines Energiefeldes zu sammeln. Und als ich den Laden verließ, war ich voll mit allem, was ich da gesammelt hatte, was ich in ihnen berührt hatte.« Bedeutet das, dass ihr diese Dinge geklärt, geheilt, diese Menschen davon befreit habt? Nicht immer, und das ist der Irrglaube, dem manche anhängen (aber nicht unbedingt du, Dianna).

Viele von euch sind in der Vorstellung gefangen, dass sie einfach in einen Supermarkt gehen und jeden heilen können. Aber wenn sie aus dem Laden kommen und sich geschwächt und unwohl fühlen, dann haben sie überhaupt nichts umgewandelt oder geheilt. Vielmehr war das eine Lektion für sie, ein Hinweis, dass sie lernen müssen, Grenzen zu ziehen, wenn es erforderlich ist. Es wurde ihnen gezeigt: »Ah, ich muss besser darauf achten, wie ich meine Energie einsetze, während ich einkaufe. Ich muss mehr auf mich und mein Energiefeld achten, bevor ich den Laden betrete und wenn ich wieder herauskomme.«

Und das ist der Punkt: Ihr würdet eine ganz andere Erfahrung machen, obwohl ihr das gleiche Verhalten an den Tag legt – lächelnd herumlaufen, euch ganz leicht fühlen, euch mit Menschen verbinden. Geht ihr zum Beispiel auf ein Festival, bei dem sich alles um Liebe, Tanzen und Feiern dreht und alle das tun, würdet ihr es nicht als eure alleinige Aufgabe betrachten, Liebe und Licht zu verströmen. Ihr würdet das dort gemeinsam mit anderen Menschen tun. Deshalb gehen so viele von euch gerne auf Partys oder zu Festivals. Dort heben alle gemeinsam ihre Schwingungsfrequenzen an. Ihr tragt dann zu dieser Energie bei, bekommt aber auch selbst Energie von den anderen. So werdet ihr gemeinsam euphorisch und »high«.

Wenn ihr dagegen in einen Supermarkt geht, wo es üblich ist, dass die Leute sich energetisch eher abschotten, und wenn ihr an diesem Tag keine überschüssige Energie mehr zur Verfügung habt oder es euch einfach nicht zur Aufgabe gemacht habt, dort hineinzugehen und alle zu lieben …

Dann solltet ihr euch unbedingt daran erinnern, wie wichtig es ist, dass ihr lernt, die Grenzen eures eigenen Energiefeldes zu kennen und zu akzeptieren. Das ist entscheidend für eure Wirksamkeit und Macht auf der Erde.

Deshalb sagen wir oft, dass das Streben nach größtmöglicher Offenheit nicht die beste Art des Seins ist. Ihr werdet vielleicht einwenden: Aber ist das denn nicht ein wunderbares Ziel? Und wir antworten: Schon, aber man gelangt nicht dorthin, wenn man stets nur der offenste Mensch ist, denn man weiß dann nicht, wie man sein eigenes Energiefeld pflegen und verfeinern kann.

Viele von euch müssen erst einmal herausfinden, wer sie innerlich sind. Vielen von euch wurde von außen beigebracht, wer sie sind und wie sie sich in ihre äußeren Beziehungen einbringen können. Aber nur sehr wenige von euch wurden je dazu ermutigt, zu entdecken, wer sie *im Inneren* sind. Wer seid ihr auf der Seelenebene? Was geht wirklich in euch vor? Und wisst ihr was? Ihr seid der *einzige* Mensch, die je wissen wird, was in euch vorgeht!

Selbst der beste Freund oder Partner oder der beste Hellseher der Welt wird nicht alles wissen, was in euch vorgeht. *Ihr* aber schon – wenn ihr aufmerksam seid. Viele von euch wurden ermutigt, sich nach außen auszurichten statt nach innen.

Und doch …

Ihr lebt in einer Zeit, in der immer mehr von euch erkennen, dass es euch stark, widerstandsfähig und ausgeglichen macht, wenn ihr euch um eure innere Welt genauso kümmert wie um eure äußere Welt.

Dianna, wir werden auf dein Beispiel zurückkommen, denn das ist etwas, was sehr viele von euch täglich erleben. Du hast gelernt, dass du offen sein und große Liebe, Mitgefühl und Weisheit für andere erzeugen kannst. Voraussetzung dafür ist aber, dass du jeden Tag darauf achtest, was gerade *in dir* vorgeht. Versteht ihr? Ihr wisst also nun, dass ihr auf ganz unterschiedliche Art und Weise einkaufen gehen könnt. Ihr wisst, dass ihr in den Supermarkt gehen und dabei ziemlich unsichtbar bleiben könnt. Ihr wisst, wie ihr im Supermarkt ein wenig von eurer überschüssigen Liebe und Energie verschenken könnt, gerade so viel, wie ihr entbehren könnt, ohne dass es nachteilige Folgen für euch hat. Ihr wisst auch, wie ihr beim Einkaufen etwas mehr »in eurer Mitte« sein könnt, ein bisschen zurückhaltender, nicht unfreundlich, aber so, dass ihr nicht zu viel Energie verliert, weil ihr euch eures momentanen energetischen Zustandes bewusst seid, wenn ihr den Supermarkt betretet.

Wir gehen darauf so ausführlich ein, weil viele von euch bereits an der ersten Hürde scheitern. Sie sagen: »Ich bin empathisch. Ich fühle alles. Das ist wie ein Fluch.« Dem entgegnen wir: Ihr seid keineswegs verflucht. Ihr müsst nur ein paar Dinge lernen. Ihr müsst lernen, was euch beeinflusst und warum und wie ihr Mittel und Wege finden könnt, damit umzugehen. Eines ist sehr wichtig: Unter euch sind manche, die das Gefühl haben, geradezu »elektrisierend überempfindlich« zu sein, was ihr Einfühlungsvermögen angeht. Sie klagen: »Ich habe keinen Filter, ich habe keine Grenzen!« Ihnen antworten wir: »Warum habt ihr keine Grenzen? Was ist in eurem bisherigen Leben geschehen, das euch glauben macht, ihr hättet keine Kontrolle über euer Inneres? Warum habt ihr euer inneres Selbst aufgegeben? Wer hat euch das gelehrt? Wer hat euch das Recht abgesprochen, frei eure eigenen Grenzen zu ziehen und selbst über eure innere Welt zu bestimmen?«

Oft werden diejenigen von euch, die das als ihre Geschichte erleben, feststellen, dass sie entweder als Kinder oder Jugendliche energetisch, emotional, psychologisch oder physisch verletzt wurden, oder sie wurden in eine Gruppe hineingeboren oder gerieten in Situationen, in denen sie von anderen entmachtet wurden. Und so ist nun die Wunde dieser Entmachtung das Einzige, was in ihnen aktiviert wird, wenn sie versuchen, Grenzen zu erfahren, zu lernen, wer sie eigentlich sind und wie sie gut für sich selbst sorgen können.

Oft ist es so, dass ihr in den Emotionen anderer gefangen seid, weil ihr entweder aus eurem inneren Körper flieht oder nie das Gefühl hattet, es wäre euch erlaubt, dort drinnen heimisch zu sein und über euch selbst zu bestimmen. Immer wieder hat man euch gesagt, dass ihr den Emotionen, Bedürfnissen, Wünschen und Sehnsüchten anderer übermäßige Aufmerksamkeit widmen und ihnen dienen sollt. Wenn ihr also denkt, es wäre euer Untergang, diese völlige Außenorientierung und Fremdbestimmtheit aufzugeben, sagen wir euch: Nein, ihr seid keineswegs dem Untergang geweiht, aber ihr habt es mit einer Wunde zu tun, die ihr noch nicht vollständig aufgedeckt und verstanden habt. Ihr habt es mit Verletzungen aus eurer Vergangenheit zu tun, die ein wenig mehr Zuwendung und Arbeit erfordern. So werdet ihr zum Kern des Problems gelangen und euch von diesen überlebten Seinsweisen befreien und als starke, selbstbestimmte empathische Wesen in ein neues Sein eintreten.

Und manchmal gibt es auch, wenn es um sensible Seelen oder Empathen geht, den Mythos der Trennung: »Oh, ich bin die Sensibelste in meiner Familie. Ich bin der Empathischste in meinem Freundeskreis.« Darauf sagen wir: Okay, wenn du mit dieser Rolle glücklich bist, gut, dann bleib dabei. Aber wenn es dir nicht gefällt, dann suche dir ein paar andere sensible Seelen und Empathen, um die du dich kümmern kannst, und schaut, wie ihr gemeinsam zurechtkommt, denn niemand unter euch ist von seinen Mitmenschen getrennt.

Und zu denjenigen, die durch den Supermarkt gehen und denken, sie wären das offenste, sensibelste Wesen dort, würden wir gerne sagen, dass sie es einfach nur mehr zeigen als andere. Damit meinen wir nicht, dass ihr es nicht authentisch zeigt – vielleicht zeigt ihr es euch selbst genauso wie anderen, indem ihr euch eurer Gefühle bewusst werdet. Aber jedes andere menschliche Wesen dort im Supermarkt besitzt ebenfalls diese Fähigkeit. Sie haben sich bloß, aus welchen Gründen auch immer, noch nicht geöffnet. Und, das wird euch ein wenig amüsieren: Der Grund, warum ihr die anderen Sensitiven dort drinnen nicht bemerkt, ist, dass sie gelernt haben, sich in dieser Umgebung so vollständig in sich selbst zurückzuziehen, dass ihr sie nicht einmal wahrnehmen könnt. Ha!

DIANNA: Ich weiß es zu schätzen, dass ihr darüber sprecht, wie wir mit diesen Gefühlen umgehen können und wie wir uns bewusst machen können, wann wir uns öffnen wollen und wann nicht – und wie wir uns selbst schützen können, wenn wir gerade nicht in der Verfassung sind, das helle Licht zu sein, das wir an diesem Tag gerne sein möchten. Ein weiterer Bereich, der meiner Meinung nach für viele sehr verwirrend ist, vielleicht besonders für Empathen, betrifft das, was wir Vorahnungen nennen. Sie sind ja sozusagen ein Mittelding zwischen der Intuition und den voll entfalteten medialen Fähigkeiten.

Viele Menschen sagen: »Ich hatte eine Vorahnung.« Und oft sind solche Vorahnungen negativer Art und angstbesetzt. Manchmal aber auch nicht. Manchmal läuft es folgendermaßen ab: »Ich weiß, dass das Telefon klingeln wird, und, oh!, es klingelt tatsächlich.« Oder: »Ich weiß, dass ein bestimmter Mensch mich besuchen wird, und, oh!, er kommt tatsächlich.« Nicht immer ist es also eine negative, auf Angst beruhende Erfahrung. Könnt ihr uns nicht erklären, was eine Vorahnung wirklich ist? Und in welcher Beziehung steht sie, wenn überhaupt, zur psychischen Schwamm-Energie oder der eines Empathen?

DIE Z: Wir wissen diese Frage sehr zu schätzen, denn der Unterschied zwischen angstbasierten und nicht angstbasierten Vorahnungen hängt vom jeweiligen Menschen und seiner Vorgeschichte ab. Nehmen wir einmal an, ihr habt eine Vorahnung, dass etwas geschehen oder eintreten wird – zum Beispiel, dass ihr in sechs Monaten allein in eurem Haus seid und, sagen wir, euer Partner oder ein Familienmitglied, mit dem ihr dort wohnt, nicht da ist. Bei dieser Vorahnung spürt ihr ganz deutlich, dass ihr allein seid. Es ist nicht so, dass der geliebte Mensch gerade einkaufen oder spazieren gegangen ist, sondern er ist weit weg. Euer menschlicher Verstand gerät sofort in Panik, weil ihr gleich vom Schlimmsten ausgeht.

Vielleicht habt ihr ja schon einmal die Erfahrung gemacht, einen geliebten Menschen zu verlieren, und diese Angst in euch wird augenblicklich aktiviert. Im Grunde ist die Angst, einen geliebten Menschen zu verlieren, auf der Erde so weit verbreitet, weil dermaßen viele von euch schon mehrmals hier inkarniert waren. Ihr alle habt bereits den Verlust geliebter Menschen, Kinder oder Eltern erlebt. Solche Erfahrungen tauchen daher sehr oft im Unterbewusstsein der Menschen auf. Und tatsächlich hat diese besorgniserregende Vorahnung vielleicht gar nichts mit eurer schlimmsten Angst zu tun, dass dieser Mensch sterben könnte oder plötzlich nicht mehr auf dem Planeten ist.

Die Vorahnung ist zutreffend, doch in Wirklichkeit wird euch lediglich eine Zeit in ein paar Monaten gezeigt, in der der geliebte Mensch, mit dem ihr zusammenlebt, drei Wochen lang wegen einer Reise, auf der ihr ihn nicht begleitet, außer Haus ist. Doch als diese Vorahnung in eurem Bewusstsein auftaucht, wird dadurch eure Angst getriggert und ihr rechnet gleich mit dem Allerschlimmsten.

Deshalb sind Vorahnungen so heikel. Es wird euch eine Vision gezeigt, und meistens gibt es für euch mehrere Möglichkeiten, sie zu interpretieren. Der Inhalt der Vision kann durchaus real sein, aber eure Gefühle und Gedanken entscheiden darüber, wie ihr das, was euch gezeigt wird, interpretiert. Und mit eurer Interpretation könnt ihr, wie wir gerade in diesem Beispiel gezeigt haben, durchaus falsch liegen. Die Vorahnung, allein im Haus zu sein, taucht auf, und ihr geratet gleich in Panik, dass euer geliebter Mensch oder euer Kind sterben könnte und euch genommen wird.

Eigentlich hat die Vorahnung euch nur einen Zeitraum gezeigt, der vor euch liegt, damit ihr euch an den Gedanken gewöhnen könnt, dass ihr ein paar Wochen lang allein zu Haus sein werdet, weil der geliebte Mensch eine schöne Reise unternimmt. Ihr seht also, dass Intuition und mediale Phänomene für euch schwer zu deuten sein können, denn euer Kanal für solche Informationen muss sehr »sauber« sein, damit ihr offen für alle in Frage kommenden Deutungen eurer Visionen oder Intuitionen seid.

Nicht alle Empathen sind intuitiv. Tatsächlich können Empathen, die sich etwas schwer mit ihrer Empathie tun und sie als belastend empfinden, große Schwierigkeiten haben, mit ihrer eigenen Intuition in Kontakt zu kommen.

Wenn ihr jemand seid, der sich von den Emotionen anderer überwältigt fühlt, wird es euch schwerfallen, euer höheres Bewusstsein, euren höheren visionären Geist anzuzapfen.

Es gibt Empathen, die nicht anders können, als sich von den Emotionen anderer dominieren zu lassen. Wenn sie einen Raum betreten, geben sie sich sofort auf oder vergessen sich selbst und sind so sehr auf die anderen Menschen im Raum konzentriert, dass sie auch für diese ein intuitives Feld öffnen und beginnen, Informationen für und über sie zu erhalten.

Ihr solltet gut im Gleichgewicht seid, wenn ihr euch als Empathen und Intuitive identifiziert, und ob ihr das seid, erkennt ihr daran, dass ihr ehrlich von euch sagen könnt: »Ich kann gut mit meinen eigenen Emotionen umgehen und weiß, wie ich sie bei Bedarf regulieren kann. Und ich kann gut mit Intuitionen für mich selbst über mein eigenes Leben umgehen und bin in der Lage, die intuitiven Eindrücke, die ich über mich selbst empfange, zu nutzen und damit zu arbeiten.«

Das Gegenteil davon wäre: »Ich empfange überwiegend Botschaften für andere Menschen, und ich lasse mich leicht von den Emotionen anderer überwältigen.«

Wenn dies auf euch zutrifft, solltet ihr vielleicht daran arbeiten, den Kontakt zu eurem inneren Selbst zu verbessern, und lernen, euch energetisch besser abzugrenzen.

Und wie wir schon andeuteten, kann es viele Gründe dafür geben, dass ihr den Kontakt zu eurem inneren Selbst vernachlässigt. Vielleicht wurdet ihr nie dazu ermutigt, euch für euer Inneres zu öffnen. Vielleicht wurdet ihr in der Kindheit in eine unterwürfige oder co-abhängige Rolle hineingedrängt. Vielleicht wart ihr als Kind medial begabt, durftet das aber nicht zeigen und musstet euch ab einem bestimmten Punkt innerlich abschotten, um euch in eurer Familie sicher zu fühlen oder zu überleben, weil zum Beispiel eure Eltern euch nie erlaubt hätten, diesen Teil von euch zu entdecken und zu entfalten. Es kann alle möglichen Gründe geben, warum euer inneres Selbst nicht die erforderliche Aufmerksamkeit von euch bekommen hat.

Vorahnungen und Einfühlungsvermögen gehen nicht immer Hand in Hand. Und es ist gut, dass du den Aspekt der Angst ansprichst. Es gibt einen einfachen Test, um sich Klarheit zu verschaffen, ob Angst bei eurer Vorahnung überhaupt eine Rolle spielen sollte. Wann immer ihr über eine Vision nachdenkt, die bei euch Ärger oder Angst auslöst, fragt euch: »Ist das in diesem Moment wahr für mich?«

Nehmen wir zum Beispiel an, ihr macht euch seit Tagen oder Wochen Sorgen, weil ihr befürchtet, dass ein Mensch, den ihr sehr liebt, irgendwann sterben wird. Wir würden sagen: Haltet einen Moment inne. Atmet tief durch. Alle Menschen, die ihr liebt, werden irgendwann sterben. Vielleicht stirbt dieser Mensch vor euch, so dass ihr allein zurückbleibt. Das kann passieren, denn eure menschlichen Körper sind nun mal sterblich. Ist eure Angst also rational? Hilft euch diese Angst? So könnt ihr achtsam mit jeder Vorahnung oder Vision umgehen.

Dabei gibt es zwei Aspekte. Der eine ist die Vision oder die Vorahnung selbst. Das sollte etwas sein, das ihr ganz logisch auf einem Blatt Papier aufschreiben könnt, zum Beispiel: »In meiner Vision habe ich gesehen, dass ich in sechs Monaten allein im Haus bin und mein Partner nicht da ist.« Das ist es, was euch die Vorahnung gesagt hat. Der zweite Aspekt ist die Art und Weise, wie ihr diese Vorahnung gefühlsmäßig interpretiert.

Manchmal werdet ihr auch eine Vorahnung empfangen, die in eurem Körper einen Heilungszyklus in Gang setzt. Wenn zum Beispiel die Angst, den Partner zu verlieren, so stark in euch ist, dass sie Verlusterfahrungen aus einem früheren Leben heraufbeschwört, dann dient die Vorahnung als Anregung, euch gut auf die dreiwöchige Abwesenheit eures Gefährten vorzubereiten, damit ihr gerade nicht aufgrund dieser früheren Prägungen überreagiert, sondern angemessen mit der heutigen Situation umgeht. Das, was euch in der Vision gezeigt wurde, war nicht der Verlust oder Tod eures Partners. Die Vorahnung kam, um euch an den Gedanken zu gewöhnen, eine Zeit lang allein zu sein, ohne deswegen in Panik zu geraten. Es ist einfach eine neue Erfahrung, für die ihr euch öffnen solltet.

Das ist es also, was wir als Antwort auf deine Frage im Moment sehen und wahrnehmen, Dianna. Aber wir sind gerne bereit, auf weitere Einzelheiten einzugehen, wenn du zusätzlichen Klärungsbedarf empfindest.

DIANNA: Nun, ein mir wichtig erscheinender Aspekt ist, dass Menschen manchmal die Vorahnung haben, dass jemand sterben wird, und das geschieht dann auch tatsächlich. Aber wir nähern uns gerade dem Ende dieses Gesprächs, und da wir uns jetzt schon die ganze Zeit mit intuitiven Gefühlen und Intuition beschäftigt haben, möchte ich euch heute zum Abschluss nur noch die Frage stellen: Was ist das, was wir intuitiv spüren? Und woher kommen diese intuitiven Wahrnehmungen?

DIE Z: Genauso wenig, wie wir in der linearen Zeit existieren, die ihr Menschen erlebt, existiert ihr in der linearen Zeit, selbst wenn es euch so vorkommen mag. Aber …

> ***Ihr alle existiert gleichzeitig in Vergangenheit, Gegenwart und Zukunft.***

Aber ihr konzentriert euch *überwiegend* auf die Vergangenheit. Die meisten Menschen konzentrieren sich mehr auf die Vergangenheit als auf die Gegenwart, und das ist auch in Ordnung so. Daran ist nichts falsch.

Für einige von euch mag das falsch klingen, aber es ist tatsächlich einfach der Punkt, an dem sich die Zeitlinie für die

Menschheit im Moment konzentriert. Die meisten von euch fokussieren sich etwa zu 60 Prozent auf die Vergangenheit und zu 40 Prozent auf die Gegenwart. Und einige von euch, die Futuristen sind, befinden sich oft auch zu 10 bis 20 Prozent in der Zukunft. Ihr alle existiert also in der Vergangenheit, in der Gegenwart und in der Zukunft, aber das Bewusstsein der Menschheit ist heutigentags hauptsächlich auf die Gegenwart und die Vergangenheit ausgerichtet.

In den kommenden Jahrzehnten und Jahrhunderten wird sich euer Bewusstsein stärker auf Gegenwart und Zukunft ausrichten. Die derzeitige Ausrichtung auf die Vergangenheit wird sich mehr in Richtung Zukunft verlagern, mit einer bei euch allen insgesamt etwas stärkeren Verankerung in der Gegenwart. Wenn ihr also fragt: »Woher kommen diese Vorahnungen?« Oder: »Womit sind wir durch unsere Intuition verbunden?«, antworten wir, dass ihr alle durch eure Sinne intuitiv seid.

Oft gibt es die Vorstellung, Intuition hätte einfach etwas mit dem Dritten Auge, mit medialen Informationen oder Visionen zu tun. Aber in Wahrheit empfangt ihr intuitive Wahrnehmungen durch eure Sinne. Ihr *spürt* vielleicht, dass ein Mensch, der neben euch steht, nervös ist. Euer Verstand sagt euch, dass ihr die Nervosität daran erkennt, dass seine Lippen zittern oder der Körper ein wenig fahrig wirkt und der Betreffende nicht so ruhig ist, wir ihr es normalerweise von ihm kennt.

Für manche ist das *der* Weg, um herauszufinden, ob andere Menschen nervös sind. Aber die meisten von euch, die dieses Buch lesen, werden es einfach *spüren.*

Eure Sinne erfassen intuitiv, was vor sich geht.

Ihr habt das Energiefeld des anderen Menschen schon gelesen, oft noch bevor ihr äußerlich die Hinweise, die Anzeichen, die Indikatoren dafür seht, dass er nervös ist. Wenn ihr also das anzapft, was ihr eure »Intuition« nennt, wenn es um euren höheren Geist oder euer visionäres Drittes Auge geht, zapft ihr im Grunde die Zukunft an.

Ach ja, und noch etwas zu den Vorahnungen über den Tod von Menschen. Einige von euch haben solche Vorahnungen über Ereignisse, die dann tatsächlich eintreten.

Aber es gibt auch Vorahnungen, die einfach dazu führen, dass sich die Zeitlinie verändert, oder die dazu dienen, etwas für euch zu verändern, so dass das betreffende Ergebnis dann nicht mehr zwangsläufig eintreten muss.

***Intuition, wie wir sie wahrnehmen,
und aus eurer Perspektive ist es genauso,
ist eigentlich eine alles fühlende,
allwissende Energie, die ihr in euch tragt.***

Bei dieser Energie geht es nicht nur um mediale Informationen oder Visionen, die euch übermittelt werden.

Ihr alle könnt jederzeit die Zukunft anzapfen, wann immer ihr es wollt. Wenn sich das Bewusstsein auf dem Planeten genügend verschoben hat, werden mehr Menschen sich wohl dabei fühlen, ihrer Intuition zu erlauben, Teil ihres Lebens zu sein. Nicht ständig – niemand würde einzig nach seiner Intuition leben wollen, denn eure Welt, eure Menschennatur und eure Seele umfasst noch viel, viel mehr. Aber ihr alle könnt die Zukunft anzapfen. Eure Zukunft ist, was die Themen eures Lebens angeht, von eurer Geburt an da. Sie ist immer vorhanden.

Deshalb haben so viele von euch diese Vorahnungen über ihr Leben. Das passiert vor allem bei Kindern – sie sind noch sehr mit den Seelenräumen verbunden. Die meisten von ihnen wissen, was sie tun werden und wer sie sein werden und wozu sie hier sind. Nicht jedes Kind bringt diese Gabe mit, doch wenn ihr genau hinschaut, erkennt ihr, dass die meisten Kinder – vor allem in den ersten sechs bis sieben Lebensjahren – euch sehr viel darüber erzählen, warum sie hergekommen sind.

Sie können es mit ihrem linearen Verstand nicht völlig begreifen, aber sie wissen es einfach. Sie wissen, warum sie auf die Welt gekommen sind. Sie wissen, welche Beziehungen sie eingehen wollen. Sie wissen, was sie dieses Mal auf dem Planeten tun wollen. Sie spüren die Zukunft nicht, weil sie dafür irgendeinen besonderen Kanal öffnen oder ihnen eine außergewöhnliche Vision in ihren Geist übermittelt wird. Sie können ihre Zukunft fühlen, weil sie mit ihr verbunden sind.

Ihr alle seid tief mit eurer Zukunft verbunden. Und die Vorstellung, das wäre nicht so, kann es euch sehr erschweren, Erfolg und Wohlstand zu manifestieren.

Deshalb lassen so viele von euch zu, dass die Vergangenheit dem im Wege steht, was ihr erschaffen wollt. Erinnert euch, dass wir sagten, die meisten von euch wären auf die Vergangenheit fokussiert. Stellt euch vor, ihr sprecht mit einem Freund, der gerade eine zutiefst unglückliche Beziehung hinter sich hat – vielleicht hat er sein ganzes Hab und Gut verloren, sein Haus, sein Geld, und das hat ihn sehr mitgenommen –, und ihr sagt zu ihm: »Ich spüre, dass du eine wunderbare Zukunft haben wirst. Ich spüre, dass du eine wunderbare Beziehung haben wirst. Du wirst dir ein großartiges Leben aufbauen. Du wirst die Ressourcen haben, die du brauchst, um das zu tun und zu erschaffen, was du auf dieser Erde erschaffen willst.« Er wird das Gesagte auf zwei mögliche Arten aufnehmen: Wenn er sich für das Licht und die Wahrheit seiner Seele geöffnet hat, wird er sehen können, was ihr seht. Also sagt er dann: »O ja, das fühlt sich gut an.« Er ist vielleicht noch nicht in der Lage, die ganze Zeit über in diesem glücklichen Zustand zu bleiben. Aber in diesem Moment konnte er bereits die Wahrheit spüren und dieses Gefühl lange genug aufrechterhalten, um die Wunden der vergangenen Beziehung weiter zu reinigen und zu heilen. Aber *die meisten* würden sich gegen das wehren, was ihr zu ihnen sagt. Die meisten würden ganz auf die Wunde aus der Vergangenheit und das, was sie gerade durchgemacht haben, fixiert sein und wären nicht in der Lage, die Zukunft zu fühlen, wenn ihr sie ihnen präsentiert. Sie würden sich dagegen wehren und sagen: »Ach, ich verdiene keine gute Beziehung«, weil dieser Glaube noch Bestandteil ihres Systems ist.

Genau das hat diese letzte, unglückliche Beziehung ihnen ja bestätigt – dass sie keine gute Beziehung verdienen. Sie würden euch sagen, dass es für sie unmöglich ist, mit dem Budget, das sie jetzt haben, ein Haus zu finden, weil sie in ihrem gegenwärtigen Mangelbewusstsein feststecken. Sie ziehen gar nicht erst in Betracht, dass sie in Zukunft tatsächlich ein höheres Einkommen erzielen könnten. Darum sagen wir …

Dass ihr in eurer Welt Intuition entwickelt, ist der Schlüssel zu einer besseren Welt für alle, nicht nur für den Einzelnen.

Wenn ihr die Intuition aus eurem Leben aussperrt, wenn ihr euren Kindern nicht beibringt, ihre Intuition aktiv zu nutzen, wenn ihr die Intuition nicht wertschätzt und feiert, schränkt ihr die menschlichen Möglichkeiten für die Zukunft sehr ein. Und das ist etwas, womit auf der Erde heutzutage viele Menschen zu kämpfen haben. Ihr seht, wie die Erde manipuliert und kontrolliert wird und wie in manchen Fällen große Zerstörungen angerichtet werden. Viele von euch glauben, ihr wäret dazu verdammt, diese Zukunft zu erleben, weil ihr vergessen habt, dass ihr auch auf eine andere, glückliche Weise bauen und erschaffen könnt. Vergesst bitte nicht, dass eure Schöpferkraft Teil der Macht der Seele auf eurem Planeten ist.

Die Existenz der Seele wurde immer wieder aus dem öffentlichen Dialog der Menschheit verdrängt, und deshalb vergessen die Menschen. Sie vergessen einfach, womit sie verbunden sind. Sie vergessen, dass es diese enorme schöpferische Kraft gibt, die durch sie hindurchfließt. Deshalb haben wir das Beispiel des Freundes genannt, der einen Schicksalsschlag erlitten hat und den ihr gern ermutigen wollt. Er steckt in seiner Interpretation dessen fest, was er gerade durchgemacht hat.

Und so kann er nicht sehen, dass er sich in der Zukunft durchaus etwas anderes aufbauen kann. Er ist irgendwo zwischen Vergangenheit und Gegenwart gefangen.

Bis 2050 wird die Menschheit an einen Punkt gelangen, an dem ihr alle viel stärker in der Gegenwart verankert sein werdet als je zuvor. Das wird euch große Fortschritte hin zu einer sehr viel besseren Zukunft ermöglichen.

DIANNA: Habt vielen Dank, ihr Lieben. Ich spüre, dass wir noch weitere wunderbare Gespräche führen werden. Ich danke ganz besonders dir als Sprecher, Zachary.

DIE Z: Ist uns ein Vergnügen. Wir danken dir.

Siebtes Gespräch

Themen

- Die »Sprache« der Z und wie sie durch Lee kommunizieren.
- Die Macht der Symbole.
- Was hat es mit den »Exit Points« auf sich?
- Mediale Botschaften für andere empfangen.
- Die aktuelle Zunahme von Intuition und Bewusstheit auf dem Planeten.
- Die Schönheit und Kraft der Trauer.

DIANNA: Willkommen zu diesem neuen Gespräch. Es ist nun schon das siebte. Ich freue mich sehr. Willkommen zurück.

DIE Z: Willkommen.

DIANNA: In unserem vorigen Gespräch haben wir uns mit der multidimensionalen Kommunikation beschäftigt. Das möchte ich gerne wieder aufgreifen und euch bitten, uns zunächst etwas mehr über euch, die Z, zu erzählen. Ihr sagtet, dass einige aus eurer Gruppe nicht verbal kommunizieren. Könnt ihr mir erklären, wie sie sich dann verständigen?

DIE Z: Nun, ihr wisst ja bereits, dass unsere verbale Kommunikation durch Lee ermöglicht wird, durch ihn geschieht die Umsetzung unserer Konzepte in die Worte eurer Sprache. Wir verwenden nicht eure Sprache, aber unsere Kommunikation und die damit verbundenen Rollen sind vergleichbar mit denen bei euch Menschen, denn bei euch gibt es ebenfalls viele Sprachen, und einige von euch beherrschen mehrere. So seid ihr in der Lage, mit Menschen aus verschiedenen Ländern zu kommunizieren, was Menschen, die nur eine verbale Sprache beherrschen, nicht können. Ganz ähnlich ist es bei uns.

In unserer Gruppe sind manche sehr gut darin, sich durch Sprache mitzuteilen und in verschiedene Sprachen zu übersetzen. Auch gibt es in unserer Gruppe unterschiedliche Positionen und

Aufgaben, ähnlich wie bei euch die Mitglieder einer Familie oder Fachkräfte im beruflichen Bereich entsprechend ihren Fähigkeiten unterschiedliche Aufgaben übernehmen. Einer ist vielleicht ein exzellenter Kommunikator und sehr tüchtig darin, eine Brücke zwischen der Öffentlichkeit und der Gruppe zu schlagen, dann wird es wieder jemanden geben, der eher wenig über Worte kommuniziert, aber besonders effizient darin ist, für die Gruppe wichtige Arbeiten zu erledigen.

Alle in unserer Gruppe haben ihre eigenen Talente und Aufgaben, doch von den achtundachtzig, die die Hauptformation unserer Gruppe bilden, sind vielleicht nur dreiunddreißig sprachbegabt genug, um Informationen durch Worte zu vermitteln. Deshalb ist das, was ihr hört, wenn Lee uns channelt, oft bereits eine Übersetzung aus vierter Hand. Was durch seinen Mund kommt, sind Worte, die ich, als Zachary, unterschreibe, denn ich bin sozusagen der Hauptsprecher der Gruppe.

Aber vorher könnten schon zehn oder zwölf von uns diese Worte weitergegeben haben. Das geht alles sehr rasch. Es hört sich nach einem mühsamen Prozess an, doch in Wahrheit geschieht es alles im Bruchteil einer Sekunde.

Die andere Seite der Medaille ist, dass nur bestimmte Worte überhaupt zugelassen werden. Wir können nicht einfach Worte durch Lees Körper schicken, ohne zu bedenken, welche Wirkung sie auf euch alle haben werden. Wenn wir kurz davor stehen, die Worte zum Ausdruck zu bringen, muss deshalb manchmal noch eines geändert oder dem Satz eine andere Richtung gegeben werden, weil wir nur das in euer Energiefeld bringen dürfen, was von euch auch positiv aufgenommen wird.

Würde ein Wort oder ein Satz, den wir übermitteln möchten, die Schwingung der Leserinnen und Leser in irgendeiner Art und Weise einschränken oder absenken, muss dies korrigiert werden – notfalls im letzten Moment.

Manchmal erkennen wir das im Austausch mit dir erst, wenn die Informationen bereits in deinem Energiefeld sind. Zum Beispiel haben zwölf von uns, die unserem Eindruck nach schwingungsmäßig gerade die perfekte Antwort auf deine Frage haben, die Sätze vielleicht schon vorbereitet. Aber genau in dem Moment, als sie durch Lees Stimmbänder in eine hörbare Form übergehen und durch seinen Mund kommen, spüren wir eine gewisse Reibung oder Spannung in der Luft. Dann kann es sein, dass diese Worte oder Sätze mitten im Fluss noch einmal geändert werden müssen. So kommt es zu dem »Stotter-Effekt«, der sich hin und wieder beim Sprechen einstellt.

DIANNA: Das ist sehr interessant. Danke, dass ihr uns das erklärt habt. Hier vor mir liegt ein Blatt Papier mit einem Symbol, über das ich gerne mit euch sprechen möchte. Ich habe es Lee absichtlich nicht gezeigt, weil ich nicht wollte, dass ihr es durch Lees Augen seht. Aber wie kann ich euch dieses Bild mit Hilfe der verschiedenen Kommunikationsmöglichkeiten, über die wir schon gesprochen haben, oder auch durch andere, vermitteln, damit wir darüber sprechen können?

Könnt ihr es durch *meine* Augen sehen?

Fühlt ihr das Bild, oder soll ich es euch beschreiben?

DIE Z: Nun, wir können dir über dieses Symbol sagen, dass es dein Herzchakra anspricht. Es aktiviert, öffnet und weitet dein Herz. Das ist für dich der Zweck dieses Symbols. *Das* können wir spüren, wenn wir dein Energiefeld lesen. Aber du kannst es uns auch gerne beschreiben, wenn du möchtest.

DIANNA: Was ich hier betrachte, ist das Unendlichkeitssymbol. Es handelt sich um eine liegende Acht, und die Linien schneiden sich in der Mitte. Dazu habe ich eine Frage: Wir nennen es das Unendlichkeitssymbol. Unendlichkeit ist keine Zahl, sondern ein Konzept von etwas, das unbegrenzt ist.

Wie erlebt ihr dieses Symbol?

DIE Z: Nun, wir wollen deiner Sichtweise nicht widersprechen. Dieses Symbol steht tatsächlich für die Unendlichkeit. Aber wir sehen es als »Einheit«, was im Grunde natürlich dasselbe ist. Und deshalb ruft es bei jemandem wie dir eine Herzensreaktion hervor. Dies ist ein Symbol, mit dem ihr über unsagbar viele Jahrhunderte hinweg gearbeitet habt. Einige deiner persönlichen Vorfahren wirkten einst, zusammen mit vielen anderen, an der Erschaffung dieser Symbole mit.

Im Laufe der Zeit wurden manche Symbole verändert, doch die ursprüngliche Prägung blieb immer gleich. Was wir damit meinen, lässt sich gut am Beispiel der sogenannten Coversongs verdeutlichen. Es ist auf der Erde bei Musikern ein beliebter Zeitvertreib, solche neuen Versionen von bereits geschriebenen Liedern zu erschaffen. Nehmen wir einmal an, acht verschiedene Sänger, Musiker oder Bands covern alle denselben Song. Obwohl bei jeder Interpretation ein anderes Element der ursprünglichen Komposition etwas stärker betont wird, bleibt die Essenz des Liedes erhalten. Die Energie desjenigen, der den Originalsong geschrieben hat, ist in der Coverversion *immer* deutlich zu spüren, und doch kommt jede Version etwas anders daher und klingt anders als das Original. Aber das, was ursprünglich in dieses Lied einkodiert wurde und was es transportieren soll, ist weiterhin da. Es bleibt weiterhin bestehen.

Nicht anders ist es bei Symbolen. Bei dir, Dianna, wird durch das Unendlichkeitssymbol das Herzchakra aktiviert, weil du verstehst, dass dieses Symbol geschaffen wurde, um euch an das Einssein von allem zu erinnern, und »Unendlichkeit« ist einfach nur ein anderer Begriff für das Einssein.

Wir möchten allerdings betonen, dass bei euch auf der Erde inzwischen die Zeit reif für ein paar neue Symbole ist. So wunderbar es auch sein mag, mit den alten Formen bestehender Symbole zu spielen, ist für euch jetzt der Moment gekommen, an dem neue Symbole auf der Bildfläche erscheinen. Sie repräsentieren die neuen Bewusstseinsschichten, die auf dem Planeten zunehmend hervortreten.

Symbole eignen sich nicht für jeden, können aber denjenigen wertvolles Wissen vermitteln, die visuell empfänglich sind. Meistens handelt es sich dabei jedoch um erinnertes Wissen – also Informationen aus der Vergangenheit. Deshalb sagen wir, dass neue Symbole sich wunderbar dafür eignen, das zu unterstützen, was wir euch beschrieben haben: eine Welt, in der ihr stärker in der Gegenwart leben werdet statt – wie es nun schon sehr lange eure Art ist – in der Vergangenheit.

Viele, die das hier lesen, spielen auch gerne mit der Bedeutung von Symbolen. Erheblich öfter, als es früher der Fall war, gelangen heute Symbole aus anderen Dimensionen und anderen Sternensystemen auf die Erde. Mit »gelangen« meinen wir, dass sie auf der Erde erscheinen oder sich manifestieren. Dies ist ein weiterer Aspekt des Channelings – das »Symbol-Channeling«. Es wird sich in den kommenden Jahren auf eurer Welt noch viel stärker ausbreiten. Immer mehr Menschen werden Symbole empfangen und weitergeben, die euch helfen, euch an andere Lebenszeiten zu erinnern, an andere Dimensionen, die man aus der Erdgeschichte gewissermaßen gelöscht hatte. Viele von euch werden sich an solche Symbole erinnern. Es ist wie eine Sprache, die ihr hört und vom Verstand her nicht versteht. Doch ein Teil eures Körpers erinnert sich an sie.

Ihr kennt das vielleicht von den früheren Leben. Ihr besucht ein bestimmtes Land, und aus irgendeinem euch unbewussten Grund fühlt ihr euch mit der Kultur, mit den Menschen, mit den

Orten vertraut. Ihr könnt es nicht genau benennen, aber ihr seid mit diesem Ort vertrauter als mit vielen anderen, die ihr besucht habt. So wird es euch auch mit den Symbolen ergehen. In den kommenden Jahren werden auf der Erde Symbole erscheinen, an die ihr euch viel klarer »erinnern« werdet.

DIANNA: Gibt es dabei einen Zusammenhang mit den sogenannten Kornkreisen?

DIE Z: Ha! Darüber können wir im Moment nicht sprechen, denn wir würden uns auf eine Exkursion begeben, die eigentlich in unsere für später geplante ausführliche Erörterung der galaktischen Geschichte hineingehört.

DIANNA: Gut, dann werde ich das für dieses spätere Gespräch aufheben. Ich möchte aber noch etwas mehr auf Symbole eingehen, weil wir gerade darüber sprechen ...

DIE Z: Dann kommen wir daran jetzt wohl nicht mehr vorbei. Nun, die Symbole in den Kornkreisen zum Beispiel zeigen vor allem eines: Harmonie. Harmonisierung ist das Ziel bei ungefähr 95 Prozent der Kornkreise. Viele von euch erkennen oder spüren das beim Anblick der Kornkreis-Symbole auch. Seid gewiss, dass die Symbolik in den Kornkreisen viel komplexer als das ist, was ihr auf der Erde zu sehen gewohnt seid. Die starke Wirkung, die jene Symbole, die in den Kornkreisen erscheinen, auf euch ausüben, kommt daher, dass ihr darin etwas wiedererkennt und dass deren Komplexität für euch einen Sinn ergibt. Ihr seid nur nicht an den Anblick gewöhnt.

Die Symbole sind sehr komplex. Es gibt Details, Schichten und Informationen in den Symbolen, die viele von euch wiedererkennen. Ihr steht vor diesem Rätsel und fragt euch: »Woher kommen sie und warum erscheinen sie?« Und sogar die Harmonie in den Kornkreisen erscheint euch mysteriös. Diese Symbole bedeuten, in unterschiedlicher Ausdrucksweise, eigentlich fast immer »Frieden«. Und sie werden als eine Direktive und Mahnung für euch in die Kornfelder geschrieben.

DIANNA: Wenn ich sie mir anschaue, habe ich außerdem das Gefühl, dass es sich dabei um eine Art von mathematischen Gleichungen handelt. Ist da etwas Wahres dran?

DIE Z: Nun, alles ist eine mathematische Gleichung. In einem früheren Dialog haben wir mit euch zum Beispiel über die Zahlenfolgen gesprochen, auf denen die Musik beruht. Alles lässt sich in Zahlenfolgen aufschlüsseln. Und einer der Gründe, warum euer mathematisches Bewusstsein aktiv wird, wenn ihr diese Symbole in den Kornkreisen seht, ist, dass es in eurer Erdgeschichte einige sehr komplexe Ideen, Symbole und Begriffe gibt, die für alle Menschen »wahr« sind, die aber ein Stück weit »geschönt« und teilweise sogar ganz ausgeblendet wurden.

Wenn ihr also ein solches Symbol seht, wird die mathematische Komplexität des Symbols in euch wiedererweckt. Ihr erkennt es, weil ihr es *kennt*, aber ihr versteht nicht, warum, denn es ist etwas, das ihr selten gesehen habt, und es ist von einem Geheimnis umgeben. Ihr wisst nicht, warum und wie es sich manifestiert. Es gibt, was die Kornkreis-Symbole angeht, immer noch eine Geheimhaltung, die von den Machthabern auf diesem Planeten aufrechterhalten wird. Sie selbst wissen aber genau, was es mit den Kornkreisen auf sich hat. Es ist ihnen nur, nun ja, untersagt worden, die Menschen darüber zu informieren.

Doch für euch kommt jetzt eine Zeit, in der Phänomene wie dieses viel alltäglicher sein und euch allen bekannt sein werden, und ihr werdet sie besser verstehen. Denn die Wirkung der

Kornkreis-Symbole auf euch ist für den menschlichen Körper und das menschliche Auge unbestreitbar.

Hier kommt der Skeptizismus auf der Erde ins Spiel. Skeptizismus ist eine Form von Gedankenkontrolle. Ihr seid skeptisch gegenüber etwas, das euer Verstand nicht versteht oder für das er keinen Bezugsrahmen in der Vergangenheit hat (oder zumindest glaubt er, diesen nicht zu haben). Aber Menschen *fühlen* die Wahrheit. Wenn Eltern ihr neugeborenes Baby in den Arm nehmen, reagieren sie nicht logisch. Es ist nicht so, dass sie das Baby nur mit dem Verstand betrachten und sich beglückwünschen, es produziert zu haben. Nein, es handelt sich um eine stark sensorische Erfahrung, die aus der Tiefe eures Wesens kommt.

Während Mutter und Vater das Neugeborene halten, geschehen mehrere Dinge: Sie werden in den Moment zurückversetzt, als *sie* auf diese Welt kamen, aber gleichzeitig sind sie bewusstseinsmäßig weiter Erwachsene und halten dieses neue, wundervolle Geschöpf in ihren Armen. Selbst wenn sie ansonsten spirituell noch nicht sehr offen sind, werden sich die meisten in einem solchen Augenblick ihrer Verbundenheit mit allem Leben bewusst, die es ihnen ermöglicht hat, diese neue Seele in biologischer Gestalt auf der Erde auszusäen.

Alle Menschen transzendieren, zumindest vorübergehend, ihre intellektuelle Skepsis, wenn etwas bei ihnen eine starke körperliche Empfindung auslöst, die sie nicht leugnen können.

Und es gibt nur sehr wenige Menschen, die beim Anblick eines Kornkreises nicht eine solche tiefgreifende und kraftvolle sinnliche Erfahrung machen.

DIANNA: Angenommen, ich verspüre den Wunsch, meine künstlerische Kreativität dafür zu nutzen, um Symbole zu entdecken, die für mich persönlich heilsam sind. Wie sollte ich dann genau vorgehen, um welche zu entwerfen, die für mich besonders wohltuend und stärkend sind und die ich zeichne, male oder aus in der Natur gesammelten Objekten herstelle und in meinem Haus anbringe? Wie funktioniert die Arbeit mit heilenden Symbolen, die sich auf meine Zukunft beziehen, mit der Gegenwart als Ausgangspunkt?

DIE Z: Nun, das hängt im Wesentlichen davon ab, wie du kreativ vorgehen willst. Alle schöpferischen Menschen haben diesbezüglich ihre eigene Vorgehensweise. Ein Kreativer, der logisch oder organisatorisch denkt, sucht sich vielleicht draußen in der Welt eine Anzahl Symbole, die ihm gefallen. Diese zeichnet er dann zum Beispiel ab oder druckt sie aus, und dann erschafft er daraus ein brandneues Symbol, das er intuitiv aus all diesen bekannten Symbolen zusammensetzt.

In gewisser Weise erforschen künstlerisch kreative Menschen die Arbeit, die sie tun. Sie bringen ein gewisses Maß an Forschung, Kuratierung und Organisation in ihre neuen Schöpfungen ein. Sie nehmen alte, etablierte Symbole, weben sie in das Geflecht des neuen Symbols ein und schaffen daraus etwas, das die Welt für neu erachtet.

Eine völlig andere künstlerische Herangehensweise könnte zum Beispiel darin bestehen, sich hinzusetzen und zwei Stunden lang intuitiv zu zeichnen, ohne ein bestimmtes Ziel oder eine bestimmte Absicht zu verfolgen. In diesem Fall lässt du beim Zeichnen zu, dass schöpferische Impulse einfach durch dich hindurch auf das Blatt fließen.

Dann gibt es diejenigen, die vielleicht beide Varianten kombinieren. Du siehst, dass es nicht den einen Weg gibt, sondern dass alle Künstlerinnen und Künstler ihren jeweils eigenen individuellen Weg finden. Wir empfehlen dir aber, dich bei jedem kreativen Projekt zu fragen: Komme ich bei dem, was ich erschaffe, schließlich an einen Punkt, an dem ich zurückschaue in dem Gefühl, erreicht zu haben, was ich beabsichtigte? Wenn die Antwort nein lautet, dann mache weiter, bis du das geschafft hast. Und natürlich ist es wichtig, dir dabei Erholungspausen zu gönnen. Wenn du beabsichtigst, mit deinen Symbolen eine heilende Frequenz zu vermitteln, dann ist es das Wichtigste, dass du weißt, wie du in dir und für dich selbst Zugang zu dieser heilenden Frequenz findest.

Du kannst zum Beispiel auch, während du dich kreativ betätigst, hochschwingende Musik hören. Du kannst das Zimmer oder Studio, in dem du intuitiv künstlerisch arbeitest, bewusst gestalten. Lass dabei viel Licht herein und verwende bereits existierende Symbole, die dir etwas bedeuten und dir helfen, zum kreativen Kanal für neue Symbole zu werden.

Jeder Schöpfer wird auf andere Weise erschaffen.

Aber wenn ihr diese Symbole erschaffen möchtet – oder auch nur irgendetwas anderes, das hochfrequent schwingt –, ist es von entscheidender Bedeutung, dass ihr euch zunächst einmal selbst in einen hochfrequenten Zustand versetzt. Außerdem solltet ihr in der Umgebung, in der ihr schöpferisch tätig seid, für ein hohes Schwingungsniveau sorgen. Das wird die Erfahrung und das Ergebnis immer verstärken.

DIANNA: Ich weiß es zu schätzen, dass ihr uns zeigt, wie wir auf der persönlichen Ebene mit Symbolen arbeiten können. Wenn wir lernen, in unserem eigenen Leben besser mit ihnen zu arbeiten, wird uns das auch beim Channeln neuer Symbole helfen, die in der Welt gebraucht werden.

DIE Z: Symbole wirken harmonisierend, ebenso wie bestimmte Musikstücke und bestimmte Klänge. Vielleicht wirkt auch der Gesang der Vögel oder das Schnurren eurer Katze auf euch harmonisierend und heilend oder bringt euch, falls eure Energien stagnieren, wieder in Schwung.

Ein Symbol, das man mit den Augen sieht und aufnimmt, hat sehr wohl die Fähigkeit, euren Körper zu harmonisieren. Aber das trifft auch auf ein abstraktes Gemälde zu, das in euch eine »Sinnes-Erinnerung« auslöst.

Symbole sind sehr wichtig für das Herz und alle Chakren, aber die einzelnen visuellen Symbole haben für jeden Menschen eine andere Bedeutung. Und natürlich spürt ihr zu manchen eine größere Resonanz als zu anderen.

DIANNA: Das stimmt. Ich möchte noch eine weitere Möglichkeit ansprechen, wie wir multidimensionale Kommunikation erleben können – die sogenannten »Exit Points«, also Ausstiegspunkte. Lasst mich bitte zunächst kurz definieren, was es aus meiner Sicht mit den Exit Points auf sich hat. Ein Exit Point ist ein Zeitpunkt, an dem man physisch sterben und die Seele den irdischen Körper verlassen kann.

Ich habe von klein auf zahlreiche Erfahrungen mit solchen Ausstiegspunkten gemacht. Manche Leute sagen, dass jeder von uns in seinem Leben eine bestimmte Anzahl von Ausstiegspunkten hat. Wenn wir mit dem Verlauf unseres Lebens nicht zufrieden sind oder sich etwas ändert, ist das ein Zeitpunkt, den wir im Voraus festgelegt haben, an dem wir unseren physischen Körper verlassen und sterben können.

Seid ihr mit diesen Exit Points vertraut?

DIE Z: Ja, wir sprechen schon seit langem über sie.

DIANNA: Ihr habt oft gesagt: »Sterben ist einfach.« Ist es das, was ihr damit meint? Dass wir einfach sterben werden, wenn es hier für uns nichts mehr zu erledigen gibt?

DIE Z: Das ist richtig. So, wie wir es sehen, sind diese Exit Points in eurem Lebenslauf vorprogrammiert. An möglichen Ausstiegspunkten verhandelt ihr mit eurer Seele darüber, ob es für euch an der Zeit ist, die Inkarnation zu beenden. Es gibt mehrere solcher, wenn ihr es so nennen mögt, »Todesfenster« in eurem Leben.

Dieses Thema kann natürlich bei vielen von euch die Angst vor dem Tod triggern. Sie ist in eurer Kultur tief verwurzelt. Aber oft ist die Angst vor dem Tod in Wahrheit nur die Angst vor dem Kummer der Trennung. Dabei sind eure Exit Points so vorprogrammiert, dass sie euch *erhebende* Momente bescheren.

Es mag etwas seltsam klingen, dass ein Exit Point etwas Erhebendes haben könnte, aber oft handelt es sich um Augenblicke, in denen ihr einen Durchbruch erlebt oder eine Hürde in Bezug auf euren Lernprozess hier auf der Erde nehmt. Auch wenn sie wie prekäre Zeitfenster klingen, in denen die Möglichkeit besteht, dass ihr euren Körper verlasst, sind sie in der Regel auf Situationen hin programmiert, in denen ihr einen positiven Durchbruch erlebt, etwas für euch sehr Bedeutsames lernt oder in eine neue Phase eurer Entwicklung eintretet.

Nehmen wir an, ihr befindet euch in eurem dreizehnten Lebensjahr und nähert euch einem eurer Exit Points. Das bedeutet nicht, dass die Wahrscheinlichkeit groß ist, dass ihr *tatsächlich* sterben werdet. Es ist eben einfach so, dass eure Seele, während ihr euch diesem Exit Point nähert, euch und euer Leben überprüft und entscheidet, ob dies ein guter Zeitpunkt wäre, den Planeten zu verlassen – oder auch nicht.

Solche möglichen Ausstiegspunkte sind nie ausschließlich persönlicher Natur. Dabei geht es nicht nur um *euer* Leben, sondern auch um das Leben derer, die ihr zurücklassen würdet: Wird euer Tod eine positive Auswirkung auf diejenigen haben, die euch am nächsten stehen oder Teil eures Lebens sind? Außerdem wird ein Ausstiegspunkt manchmal nicht unbedingt deshalb gewählt, weil *ihr* alles, was ihr auf der menschlichen Ebene lernen musstet, gelernt habt, sondern weil ihr *genug* getan habt und sich zeigt, dass ein Ausstieg zu diesem Zeitpunkt für viele Menschen in eurer Umgebung und für Menschen, die euch nahestehen, in irgendeiner Weise von Vorteil wäre. Natürlich würden sie um euch trauern, und der Verlust wäre ein großer Teil ihrer Erfahrung zu diesem Zeitpunkt. Aber wenn es für sie der perfekte Zeitpunkt ist, euch gehen zu lassen und in gewisser Weise selbst mehr von dem zu werden, was ihr zu dieser Zeit verkörpert habt – wenn es also dem Wachstum oder dem Bewusstsein der Gruppe dient –, dann wird das der Punkt sein, an dem ihr euch möglicherweise persönlich entscheidet, zu gehen.

Um das klarzustellen: Wir wollen damit nicht sagen, dass ihr plötzlich aus eurem Körper »gestoßen« werdet, nur weil das für alle um euch herum gut ist. *So* funktioniert das natürlich nicht. Auch bei eurem Tod geht es nicht nur um euch selbst. Die meisten von euch (wenngleich nicht jeder auf dem Planeten) stehen in Beziehung zu einer großen Anzahl von Menschen, für die euer Tod ein bedeutender Moment des Erwachens in ihrem Leben sein wird. Das hat seine Konsequenzen.

Das Timing für alle wird immer berücksichtigt.

Nun sagt ihr vielleicht: »Ich erinnere mich aber nicht mehr daran, dass es in meinem Leben, als ich dreizehn war, einen Exit Point gab.« Die meisten von euch sind sich dessen nicht bewusst. Aber ihr werdet euch dessen bewusst, wenn ihr entweder eine Nahtoderfahrung habt, einen Unfall erleidet, oder wenn es in eurem Leben eine Zeit gibt, in der ihr das Gefühl habt, dass die Dinge ein wenig sonderbar sind oder der Schleier zu anderen Existenzebenen ziemlich dünn zu sein scheint. Einige von euch haben vielleicht das Gefühl, dass ihr um einen Exit Point herumschwebt – vielleicht ist der Tod sehr nahe, vielleicht fühlt ihr euch mehr als sonst »außerhalb des Körpers«. Vielleicht seid ihr mehr als sonst mit Prüfungen und Herausforderungen konfrontiert. Das bedeutet nicht unbedingt, dass ihr den Exit Point wählt und durch das Fenster des Todes springt, aber ihr seid euch bewusst, dass diese Möglichkeit zu diesem Zeitpunkt durchaus im Raum steht. Das meinen wir, wenn wir vom Exit Point sprechen, vom Ausstiegspunkt.

DIANNA: Das gibt mir Gelegenheit, hier eine persönliche Geschichte zu erzählen, weil sie ein paar Fragen enthält, über die wir uns austauschen können. Aber bevor ich diese Geschichte erzähle, möchte ich sagen, dass es für uns hier auf der dreidimensionalen Erde doch recht schwer ist, den Tod jemals als etwas Gutes zu sehen. Den Verlust von jemandem, den wir geliebt haben oder lieben, als eine mögliche Entwicklungs- und Lernmöglichkeit zu betrachten, ist für uns eine ziemlich schwierige Vorstellung. Ich glaube, das erzeugt auch einen Großteil der Angst und Trauer, von der ihr gesprochen habt.

DIE Z: Das ist verständlich, denn aus der Perspektive des Einsseins, wenn alle im Geist leben, gibt es keinen Verlust. Aber weil so viele von euch den Geist durch den physischen Körper erfahren, wird die Seele, wenn sie den physischen Körper verlässt, nie wieder dieselbe sein. Ihr werdet es merken.

Viele von euch haben eine unglaublich gute Kommunikation mit geliebten Menschen, die von euch gegangen sind, und das ist schön. Aber nach dem Tod ist der geliebte Mensch nicht mehr derselbe. Sie sind nicht mehr dieselbe Persönlichkeit. Sie existieren nicht mehr in der gleichen Dichte.

Wenn ein geliebter Mensch von euch geht, erleben diejenigen von euch, die mit ihm jenseits des Schleiers kommunizieren können, typischerweise eine leichtere, hellere, erweiterte Version seiner Seele. Der Tod bedeutet also immer einen Verlust des Menschen, und das sollte nicht verdrängt werden, sondern ihr solltet angemessen darüber trauern.

Was schmerzt, wenn ein geliebter Mensch stirbt, ist, dass ihr nun von ihm getrennt seid, denn ihr seid ja (in gewisser Weise) mit euren geliebten Menschen verschmolzen, zusammengewachsen wie die Wurzeln eines Baumes. Ihr habt eure Wurzeln mit den Wurzeln dieses anderen Menschen verschmolzen. Wenn diese Wurzeln also aus der Erde herausgezogen werden, fühlt ihr euch abgetrennt von der Harmonie, vom Gleichgewicht, von der Liebe, von der Freude, von der Pflege, von der Nahrung, die ihr aus dieser Beziehung empfangen habt.

Der Tod eines geliebten Menschen ist deshalb für niemanden von euch ein einfacher Prozess.

Selbst für diejenigen, die sich mit dem physischen Tod eines geliebten Menschen abgefunden haben, gibt es immer noch eine energetische Verschiebung, die sich durch ihren Körper bewegt. Das dauert selbst bei denen, die es besonders schnell verarbeiten, mindestens vier bis zwölf Wochen. Bei den meisten wird es sogar mehrere Jahre dauern, vor allem, wenn sie in keiner Weise auf diesen Verlust vorbereitet waren. Aber was danach passiert, ist für euch alle gleichermaßen interessant.

Vielleicht trauert ihr über den Verlust eines geliebten Menschen, der aus eurer Sicht zu jung gestorben ist. Aber was ihr in dem Moment nicht wisst, ist, dass dieser Tod Platz für einen anderen Menschen in eurem Leben macht.

Damit wollen wir nicht sagen, dass dieser Mensch besser ist oder den Verstorbenen ersetzen wird oder überhaupt ersetzen kann, aber ganz sicher trifft Folgendes zu …

Der Tod führt immer zu einer Geburt – entweder zur Geburt eines neuen Du, zur Geburt einer neuen Zukunft oder zur Geburt eines neuen Szenarios.

Die Trauer ist echt, denn ihr verliert die Form der Seele, mit der ihr verbunden und verwoben wart. Aber gleichzeitig ist die Präsenz des Todes in eurem Leben für viele von euch eine Wiederverbindung mit der Ebene des Geistes. Aus diesem Grund ist Medialität auf eurem Planeten so beliebt. Selbst diejenigen, die skeptisch gegenüber dem sind, was ihr Spiritualität oder die Welt der Energie nennen würdet, sind in der Lage, diese Skepsis zu überwinden, wenn ihnen nach dem Tod eines geliebten Menschen, beispielsweise durch ein Medium, glaubwürdige persönliche Botschaften von ihm übermittelt werden.

Es geht nicht nur darum, wieder Verbindung mit jemandem aufzunehmen, den man liebt. Es geht darum, durch den Kontakt mit einem geliebten Verstorbenen die Gewissheit zu erhalten, dass die Geistige Welt existiert. Für viele Menschen ist der Tod eines geliebten Menschen eine Form des spirituellen Erwachens, auch wenn dies mit einem gewissen Maß an Trauer, Verlust oder Identitätsveränderung einhergeht. Aber ebenso könnte man argumentieren, dass dies auch nicht anders ist als jedes spirituelle Erwachen, das ohne den Tod eines geliebten Menschen erfolgt. Man durchläuft eine gewisse Trauer, eine Identitätsveränderung, einen gewissen Verlust, um dann eine neue Verbundenheit mit dem spirituellen Leben zu entdecken. Und *das* ist etwas, das durch den Tod immer ermöglicht wird.

Nicht jeder erlebt diese augenöffnende Seite des Todes, aber für diejenigen, die den Verlust eines geliebten Menschen verkraften müssen, liegt darin eine große Chance.

DIANNA: Da wir gerade über Kommunikation sprechen, möchte ich, bevor ich mein persönliches Erlebnis mit einem Exit Point schildere, auf etwas zurückkommen, das ihr in eurem letzten Kommentar sagtet.

Ich war schon immer in der Lage, Botschaften von Verstorbenen zu hören, die ich dann einem von ihnen geliebten Menschen übermitteln soll. Um ehrlich zu sein, zögere ich oft, es zu tun, aber es sind immer die einfachsten und schönsten Botschaften. Sie sind sehr bildorientiert, objektorientiert – ich soll den Hinterbliebenen an eine Lieblingsblume oder ein Lieblingsessen erinnern, an etwas Einfaches, über das ich in Bezug auf die beiden Menschen selbst nicht Bescheid wusste.

Woher kommen diese Informationen? Es ist meistens nicht so, dass ich aktiv um eine solche Botschaft bitte. Vielleicht stehe ich einfach nur da, unterhalte mich mit jemandem und höre plötzlich innerlich: »Bitte sag ihm oder ihr Folgendes …« Wenn ich den Menschen, mit dem ich gerade rede, nicht gut kenne, zögere ich oft, die Nachricht weiterzugeben, weil ich denke, dass er möglicherweise sehr beunruhigt darüber sein wird, dass ich solche Kontakte habe. Aber offensichtlich ist, dass ich von irgendwoher diese Botschaften höre, und wenn ich sie weitergegeben hatte, waren sie immer absolut zutreffend.

Also, was ist das? Woher kommen sie?

DIE Z: Nun, zum einen hast du diese mediale Gabe, die dich besonders empfänglich für solche Kommunikationen macht.

Wenn ihr ein Gespräch mit dem Aurafeld eines Menschen führt, sprecht ihr nicht nur mit seiner Seele, sondern mit allen Energien, von denen diese Seele umgeben ist.

Schau, was du gerade tust. Mit Lees Erlaubnis sprichst du durch ihn mit uns, die wir ständig um ihn herum sind und mit seiner Seele in Kontakt stehen. Das ist ein bewusster Prozess.

Und die Botschaften Verstorbener hörst du, weil sie erkennen, dass du, wie viele Intuitive und medial begabte Menschen, jemand bist, dessen Ohr sie erreichen können. Du sprichst vielleicht gerade mit einem Freund, und seine verstorbene Großmutter, die sich noch in seiner Nähe aufhält, möchte ihm eine Botschaft übermitteln. Sie sieht, dass du sie siehst. Du siehst sie nicht unbedingt in ihrer menschlichen Gestalt, aber du bist dir seines gesamten Aurafeldes bewusst, und in seiner Aura befinden sich alle Menschen, Führer oder Engel, die ihn begleiten.

Es ist nicht anders als bei jenen, die die geistigen Führer und Engel der Menschen sehen können. Der Grund, warum ihr für diese Informationen empfänglich seid, liegt darin, dass ihr den *gesamten* Menschen wahrnehmt, nicht nur das, was er euch bewusst von sich zeigt. Diese Erfahrung kennen mit Sicherheit viele von denen, die das hier lesen.

Die gute Nachricht ist, dass die Menschen sich heutzutage, dank der wachsenden Bewusstheit auf dem Planeten, immer mehr für die Geistige Welt öffnen.

Für die meisten besteht der sicherste Weg, mit der Geistigen Welt in Verbindung zu treten, darin, Kontakt zu ihren verstorbenen Angehörigen aufzunehmen, denen sie zuvor schon vertrauten, als sie noch unter den Lebenden weilten. Bedenkt, dass euch über die Geistige Welt, die »Welt der Geister«, lange Zeit eingeredet wurde, es wäre eine euch Lebenden fremde Welt – doch nichts könnte weiter von der Wahrheit entfernt sein! Ihr Menschen bewegt euch tagtäglich durch jene andere Welt hindurch, und nichts kann skeptische Menschen so sehr davon überzeugen, dass die Geistige Welt wirklich existiert, wie der Kontakt zu einem geliebten Menschen, dem sie vertrauten, der aber nun von ihnen gegangen ist.

Das ist der Grund, warum viele dieser verstorbenen Verwandten, die spüren, dass du sie wahrnehmen kannst, durch dich gerne Botschaften übermitteln möchten. Nicht unbedingt, weil *sie* gehört werden wollen, sondern weil sie in dir jemanden erkennen, der ihrem geliebten Hinterbliebenen, um den sie herumschweben und mit dem sie weiterhin verbunden sind, ein spirituelles Erwachen ermöglichen kann.

DIANNA: Das stimmt, denn normalerweise ist es für die, denen ich die Botschaft übermittle, enorm tröstlich. Und das öffnet bei ihnen die Tür für die größeren Möglichkeiten eines beiderseitigen Austauschs.

DIE Z: Du sagtest, dass bei diesem Thema viele Menschen anfangs zögern. Nun, es hilft, wenn du die Sache mit ein paar Sätzen wie diesen einleitest: »Ich empfange gerade eine Botschaft für dich – das passiert mir manchmal. Es ist eine mediale Durchsage. Bist du offen dafür, dass ich sie mit dir teile?« Du wirst feststellen, dass die meisten Menschen dann Ja sagen. Auf diese Weise hilfst du ihnen, sich schwingungsmäßig ein wenig auf diese Erfahrung vorzubereiten.

Und denen, die dafür absolut nicht offen sind, gibst du die Möglichkeit zu sagen: »Nein, danke. Ich glaube nicht daran.« Oder: »Ich will diese Botschaft jetzt nicht.« In diesem Fall solltest du ihre Entscheidung respektieren. Das ist immer ein guter Weg, um, wie du sagen würdest, zu testen, wie offen ein Gegenüber für Botschaften aus der Geistigen Welt ist.

DIANNA: Ich danke euch. Nun möchte ich meine eigene Geschichte zum Thema Ausstiegspunkt erzählen. Sie ereignete sich vor ungefähr acht Jahren. Mein Mann und ich waren mit dem eigenen Auto in einen anderen Bundesstaat gereist, wo wir zu einer Hochzeit eingeladen waren. Wir wollten unbedingt bei diesem Fest dabei sein, denn es heirateten zwei liebe Menschen, die wir gut kennen und sehr mögen. Am Morgen der Hochzeit hatten wir ein wenig freie Zeit. Wir machten einen Ausflug, erkundeten die Stadt, in der wir noch nie gewesen waren, und verbrachten sehr schöne Stunden. Dann fuhren wir zurück zum Hotel, um zu duschen, uns umzuziehen, meine Mutter abzuholen und zu dem Hochzeitsfest zu fahren.

Mein Mann fuhr, und wir befanden uns auf einer dieser sehr breiten, erhöht gebauten Autobahnen, mit tiefen Böschungen auf beiden Seiten und, ich glaube, drei oder vier Fahrspuren in beide Richtungen. Plötzlich hörte ich die Worte: »Fahrt sofort rechts ran«, ganz ruhig, und ich spürte eine Bewegung. Ich spürte, wie etwas meine Hand nach rechts bewegte, sie nach rechts winken ließ. Ohne mit der Wimper zu zucken, sagte ich meinerseits ganz ruhig zu meinem Mann: »Fahr rechts ran« und machte dabei eine entsprechende Handbewegung.

Mein Mann lenkte unser Auto sofort ein paar Meter nach rechts, und kaum hatte er das getan, raste ein schwarzes Auto mit vermutlich hundertfünfzig Stundenkilometern von hinten an uns vorbei. Der Fahrer schoss direkt über die Stelle, wo sich eben noch unser Wagen befunden hatte, dann wechselte er, heftig bremsend, die Fahrspuren und benutzte eine der Ausfahrten. Hätte mein Mann unser Auto nicht sofort nach rechts gelenkt, sondern mich stattdessen gefragt: »Warum? Was soll das?«, dann hätte der Aufprall uns zweifellos vom Fahrdamm geschleudert. Unser Wagen wäre, sich überschlagend, die Böschung hinabgestürzt, was wir wohl nicht überlebt hätten.

Mein Mann und ich fuhren jedoch vollkommen unversehrt weiter, nachdem der Raser uns überholt hatte. Als in mir innere Bilder aufstiegen, dieses »Gefühl«, was uns hätte passieren können, fing ich heftig an zu zittern. Alles, was ich zu meinem Mann sagen konnte, war: »Ich glaube, wir wären eben beinahe gestorben.« Und er erwiderte: »Ja, ich weiß.«

Wir kehrten ins Hotel zurück, zogen uns für die Hochzeit um, holten meine Mutter ab, und los ging's. Aber dieses Zittern in mir hörte erst auf, als ich aufstand und freudig mit den wunderbaren kleinen Kindern auf dem Hochzeitsfest tanzte. Ich war so dankbar für diese reine Freude und Spontaneität! Dabei dachte ich ständig: »Wessen Stimme habe ich gehört?« Und: »Aus welcher Dimension kommunizieren sie mit mir?«

DIE Z: Ist das deine Frage?

DIANNA: Es ist eine meiner Fragen. Ich könnte auch fragen: Mein Mann und ich waren unterwegs zu dieser Hochzeit, wo uns ein wunderbares Fest erwartete – wir waren also in Hochstimmung, hatten ein wirklich hohes Schwingungsniveau und eine freudige Erfahrung stand uns bevor. Warum hätte ich ausgerechnet zu diesem Zeitpunkt einen Exit Point setzen sollen?

DIE Z: Ha! Nun, erstens war der Exit Point in diesem Fall eine Lehre für dich. Exit Points sind sehr nützlich. Schau, du warst bereit, die mediale Botschaft wahrzunehmen und darauf zu reagieren. An diesem Tag hast du mehrere wertvolle Erfahrungen gemacht. Deine Zeit war noch nicht gekommen, daher wurdest du rechtzeitig gewarnt. Aber es war eine Gelegenheit für dich, tiefer zu verstehen, welche guten Gründe es dafür gab, am Leben zu bleiben.

Das Wichtigste an diesem Erlebnis ist für dich, dass dir eine Warnung übermittelt wurde, die euch im richtigen Moment dem von hinten heranrasenden Wagen ausweichen ließ. Ist es nicht so, dass du in den Jahren seitdem viel bewusster auf solche Hinweise aus der Geistigen Welt achtest, selbst wenn sie dir vielleicht nicht ganz logisch erscheinen oder du sie gerade nicht gut verstehen kannst? Außerdem wurde deine Partnerschaft mit deinem Mann, die bereits von starkem Vertrauen geprägt war, durch dieses gemeinsame Erlebnis weiter gestärkt.

Die Lektion dieses Exit Points für dich lässt sich nicht auf eine so simple Formel reduzieren wie: »Wunderbar, dass wir überlebt haben, weil wir durch diese intuitive Botschaft rechtzeitig gewarnt wurden.« Es ist etwas komplexer als das. Wie schön, dass du in der Lage warst, die Botschaft zu hören. Wie gut, dass in eurer Ehe ein solches gegenseitiges Vertrauen herrscht, dass dein Mann sofort auf diese kleine Geste von dir reagierte und die Spur wechselte. Dann brauchtest du das Zusammensein mit den fröhlich tanzenden Kindern auf der Hochzeit, um deinen Schreck loslassen zu können und wieder in deinen normalen Bewusstseinszustand zurückzufinden. Exit Points bringen euch immer mit dem Tod in Berührung.

Wenn ihr euch um jemanden kümmert, dessen Tod entweder kurz bevorsteht oder der schon lange an einer tödlichen Krankheit leidet, betretet ihr das Reich des Todes. Wenn ihr dann womöglich noch selbst dem Tod ins Auge blickt, bedeutet das immer einen Schock. In solchen Momenten bereitet sich euer Körper auf seinen Abgang vor, was energetisch eine ziemlich dramatische Erfahrung ist.

Du musstest damals nicht nur deine *Angst* vor dem Tod verarbeiten, sondern auch die energetischen Auswirkungen der akuten Todesgefahr, in die ihr geraten wart. Daher dauerte es eine Weile, bis du dich in deinem Körper wieder geerdet hattest. Wie schon gesagt war nicht nur deine Zeit noch nicht gekommen, es wäre auch für eure Gruppe kein günstiger Zeitpunkt gewesen. Dieses Erlebnis hatte für dich eine langfristige Bedeutung, denn es war eine von mehreren Erfahrungen, die dich darin schulten, im richtigen Moment auf den Geist zu hören. Und *das* erwies sich für dein ganzes weiteres Leben als sehr hilfreich. Es ist zu einem wichtigen Teil deines Lebens auf der Erde geworden, als jemand, der schon immer in der Lage war, die Botschaften aus der Geistigen Welt wahrzunehmen und damit zu arbeiten.

Das ist wichtig für dich, Dianna, und für das Beispiel, das du in vielerlei Hinsicht durch dein Leben und deinen Austausch mit anderen gibst – nicht nur hier im Gespräch mit uns. Und diese Wahrheit gilt für euch alle. Wer von euch intuitiv genug ist, um Botschaften aus der Geistigen Welt zu hören und sich, davon inspiriert, zur richtigen Zeit auf den richtigen Weg begibt, folgt nicht nur seinem eigenen Lernprozess. Ihr macht euch mit dieser Energie vertraut und lernt, bewusst mit ihr zu arbeiten, und die Erfahrungen könnt ihr dann weitergeben und mit anderen teilen. Das ist eine mächtige Kraft für Veränderungen.

So wächst bei euch das Vertrauen in die Intuition, und immer mehr von euch beginnen, sie kennenzulernen und bewusst mit ihr zu arbeiten.

Und je mehr diese Ebene der intuitiven Führung und Hilfe anerkannt wird, desto mehr erhebt sich das Bewusstsein der Menschheit über die alten, programmierten Spiele, die ihr als Menschen gespielt habt, diese Spiele, bei denen von euch verlangt wurde, *nicht* auf die Seele zu hören. Ist das nachvollziehbar?

DIANNA: Das ist absolut nachvollziehbar. Hier sind wir auch beim eigentlichen Kern dessen angelangt, was ich mit diesen

Gesprächen über Kommunikation vermitteln möchte: Wie können wir lernen, besser auf Botschaften der Geistigen Welt zu hören, um die spirituelle Kraft unserer Multidimensionalität wiederzuentdecken und zu nutzen?

DIE Z: Das Wichtigste, woran ihr alle euch erinnern solltet, ist, dass wir – wenn ihr uns als Beispiel für Wesen aus der Geistigen Welt seht (was aus eurer Sicht ja durchaus zutrifft) – genau hier und jetzt bei euch sind. Wir sind in *diesem* Moment sehr sichtbar und sehr hörbar. Wir sind hier bei euch. Und genau so alltäglich, so einfach, kann der Umgang mit uns sein.

Gibt es Menschen, die dieser Art von Gesprächen skeptisch gegenüberstehen? Selbstverständlich.

Und sie sollen auch ruhig skeptisch sein dürfen. Dann ist das eben nichts für sie. Es passt nicht in ihr Leben oder zu ihrer Art, Kontakte zu knüpfen, und das ist in Ordnung so. Aber das, was diejenigen von euch erleben, die wirklich begreifen, wie einfach es ist, stellt nicht so sehr ein Erwachen dar, als vielmehr eine Erinnerung an das, was wahr ist.

Wir sagen es euch noch einmal …

Es ist nicht so, dass die Intuition und das spirituelle Bewusstsein erst jetzt in völlig neuer Weise auf die Erde kommen. Ganz im Gegenteil werden sie auf eurem Planeten gerade wieder ausgegraben. Sie wurden hier einst begraben. In eurer fernen Vergangenheit gab es eine Zeit, in der sie in hohem Maß Teil eures täglichen Lebens waren.

Der dimensionale Aufstieg ist eine Informationsautobahn, zu der ihr alle Zugang habt und die jetzt immer mehr in den Vordergrund rückt. Das bedeutet nicht, dass jeder einzelne Mensch in seinem Leben – in diesem Leben – hochintuitiv werden wird. So muss das nicht unbedingt funktionieren.

Aber es bedeutet, dass mehr Menschen als je zuvor in der Geschichte des Planeten (auf jeden Fall in den letzten fünftausend Jahren) sich ihrer Verbindung zur Geistigen Welt auf eine ganz neue, nicht zu leugnende Weise bewusst werden.

DIANNA: Ich weiß sehr zu schätzen, was ihr alles gesagt habt, und es ergänzt interessanterweise einige Aspekte der Geschichte, die ich euch gerade erzählt habe. Ich erinnere mich, dass ich danach, als wir wieder im Hotel waren und in Ruhe über das Erlebnis sprechen konnten, meinen Mann fragte: »Warum hast du das Auto sofort nach rechts gelenkt? Warum hast du nicht gesagt: ›Was ist los? Warum?‹ – oder etwas Ähnliches, was ja völlig normal gewesen wäre?« Er antwortete: »Es fühlte sich an, als hätte *deine Hand* das Lenkrad bewegt.«

Er hatte gar nicht das Gefühl gehabt, dass er selbst gelenkt hatte. Vielleicht war es tatsächlich eine psychische Kraft gewesen, die von mir ausging – weil ich so intensiv an dem Geschehen beteiligt war oder meine geistige Führung, die mich gewarnt hatte, selbst eingriff. Ich weiß es nicht. Aber mein Mann sagte, es habe sich nicht so angefühlt, als wäre es *seine* Entscheidung gewesen, sondern als hätte ihn irgendeine Energie gewissermaßen durchströmt und das Auto nach rechts gelenkt.

Das bringt mich zu der Frage, auf die ich jetzt ein letztes Mal zurückkommen möchte: Wessen Stimme hörte ich? War das mein Höheres Selbst? Oder mein Schutzengel?

Gibt es überhaupt irgendein Wort, eine Beschreibung, die erklären kann, wer da eingegriffen hat?

DIE Z: Es kann durchaus sein, dass du selbst es anders siehst, was völlig in Ordnung ist, aber *unserer* Ansicht nach geschah damals Folgendes: Du hast dich selbst gehört. Und damit meinen wir auch dein geistiges Führungsteam, das ja Teil deines Aurafeldes ist. Wir möchten dir ein Beispiel geben: Wenn Lee mit uns spricht, erlebt er uns ganz unmittelbar als eine »andere« Stimme – es ist nicht die Stimme seiner eigenen Gedanken und auch nicht die Stimme seines Höheren Selbst. Er ist sich dessen sehr bewusst, wenn er mit uns, den Z, spricht. Er hat diese Beziehung speziell zu mir, Zachary, seit fünfundzwanzig Jahren, in denen er uns hörbar als eine separate Stimme wahrnimmt, die von der linken Seite seines Kopfes kommt.

Aber gelegentlich hört er auch sein Höheres Selbst oder seine Seele. Das ist eine Stimme, die sich nicht so sehr von seiner eigenen unterscheidet. Unserer Sichtweise nach war sich dein Führungsteam in diesem Moment bewusst, dass schnell gehandelt werden musste, weil die Zeitlinie, auf der dieses andere Auto mit eurem zusammengestoßen wäre, nicht deine Zeitlinie war. Also sandte dein Führungsteam eine laute Botschaft, die du in deinem Kopf hörtest, und zwar mit deiner eigenen Stimme, damit es dich nicht zu sehr beunruhigte. So hast du es erlebt.

Das ist es, was sich unserer Ansicht nach abspielte.

Dass dein Mann den Impuls ebenfalls so spürte, als käme er aus seinem eigenen Inneren, erklärt sich daraus, dass du und er zu diesem Zeitpunkt eurer Partnerschaft bereits eine sehr gute energetische Verbindung miteinander entwickelt hattet, die ohne den Umweg über den Verstand funktioniert.

Der Verstand ist manchmal beteiligt, ja, aber sehr synchron, so dass es bei euch beiden kaum noch Widerstand zwischen Verstand und Intuition gibt. Er konnte also diesen von dir kommenden Impuls in seinem Körper spüren, weil er offen dafür ist, körperliche Signale von dir zu empfangen.

Eine der Dynamiken eurer Partnerschaft besteht darin, dass du dem physischen Körper deines Mannes einen gewissen physischen Anstoß gibst. In diesem Moment war deine spirituelle Kraft die lauteste Stimme im Auto, die er hörte und die seinen Körper lenkte. Deine spirituelle Stimme ist keine Stimme, vor der er Angst hat. Es ist eine Stimme, die er sehr gut kennt.

Wäre diese Verbundenheit aber zum damaligen Zeitpunkt in eurer Beziehung noch nicht vorhanden gewesen, noch nie praktiziert worden, also völlig neu für ihn gewesen, hätte er bei diesem Vorfall vermutlich skeptischer reagiert und gezögert, wodurch das Ereignis *ganz anders* abgelaufen wäre.

DIANNA: Wenn ich an das Resultat denke, denke ich an das, was ihr über die beteiligte Gruppe gesagt habt – wie sich das Geschehen auf die Gruppe auswirkt. Das Schlimmste an der ganzen Sache (ob ihr es glaubt oder nicht) war ja gar nicht, dass ich oder mein Mann fast gestorben wäre – denn ein Teil von mir dachte: »Nun, dann wären wir eben *zusammen* gegangen«, und diesen Gedanken empfand ich in gewisser Weise als sehr tröstlich. Er kam mir erst, als wir bei der Hochzeit eintrafen und … Ich werde ganz emotional, wenn ich jetzt davon erzähle.

Ich dachte, dass unsere Abwesenheit diesen schönen Moment hätte ruinieren können – nicht, weil wir so besonders sind. Es wäre nur klar gewesen, dass etwas nicht stimmt, das etwas passiert sein muss, weil wir eine gut befreundete, einander sehr nahestehende Gruppe sind. Und wenn mein Mann und ich bei der Hochzeit nicht aufgetaucht wären, hätte sich eine dunkle Wolke aufgetan: »Was ist passiert? Wo sind die beiden?«

Oh, und das wäre das Schwerste für mich gewesen.

DIE Z: Ja, das wäre nicht nur ein sehr einschneidendes und negatives Ereignis für die Gruppe gewesen, die bei der Hochzeit versammelt war, sondern du und dein Mann wart auch dazu bestimmt, diesem Brautpaar in späteren Jahren Orientierung zu geben. Das ist ein weiterer Grund dafür, dass dieser Exit Point nicht passend war. Es hätte sich nicht nur negativ auf das Fest selbst ausgewirkt, sondern euch auch daran gehindert, später, in der Zukunft, den beiden eine Hilfe und Inspiration zu sein – eine Rolle, die ihr nun ausübt und weiterhin ausüben werdet. Schau dir also an, wie kraftvoll dieser Moment für euch auf multidimensionale Weise war und ist.

Und ihr teilt ihn mit dieser Gruppe nahestehender Menschen, die alle ihre eigenen Lehren daraus ziehen.

Das ist es, was wir mit der spirituellen Kraft der Exit Points meinen. Dieser mögliche Ausstiegspunkt hat euch allen Heilung gebracht. Ihr habt etwas daraus gelernt, seid zu neuen Erkenntnissen und größerer Bewusstheit gelangt.

Um das noch einmal zu unterstreichen: Natürlich ist der Verlust eines geliebten Menschen für euch immer eine schmerzhafte Erfahrung, aber aus unserer Sicht ist der Tod nichts Negatives, denn für denjenigen, der stirbt, stellt er keine negative Erfahrung dar. Für die Hinterbliebenen, die mit dem Tod nicht gerechnet haben und über den Verlust eines geliebten Menschen schockiert sind, ist der Tod sicherlich nichts, was man als positive Erfahrung bezeichnen würde, aber er eröffnet viele Möglichkeiten der Heilung und des Lernens. Wenn wir das Szenario durchspielen, dass ihr beide an diesem Tag gestorben wäret, hätten eure Verwandten und Freunde das dann als Tragödie empfunden? Auf jeden Fall. Hätte es sie alle, jeden auf seine persönliche Weise, zu Erkenntnis und Heilung motiviert? Auf jeden Fall.

Natürlich gibt es auch Menschen, die sich einer Heilung verweigern und einen destruktiven Weg einschlagen. Manche, die mit diesem Ausmaß an Schmerz oder Trauma nicht umgehen können, entwickeln daraufhin selbstzerstörerisches Verhalten, was für sie selbst und andere sehr schädlich ist. Aber viele wird es auf einen Weg führen, der sie zwingt, ein paar Tränen zu vergießen, ihr Herz zu öffnen und ihren Kummer zu überwinden.

Wir wollen damit nicht sagen, dass der Tod eines geliebten Menschen eine wünschenswerte Erfahrung ist und ohne Auswirkungen bleibt, wir wollen euch nur noch einmal daran erinnern, welche *Kraft* es hat, wenn diese Exit Points, diese Ausstiegspunkte oder »Todesfenster«, in euer Leben treten, entweder in der äußeren Realität – weil ihr selbst oder jemand, den ihr liebt, hinübergeht – oder durch das, was ihr manchmal eine »Berührung« mit einem Todesfenster nennt. Wenn jemand, den ihr liebt, beinahe stirbt, aber dann doch überlebt, gelangt ihr dadurch auf eine ganz neue Ebene der Wertschätzung für sein Leben und seine Gegenwart. Und für euch selbst gilt das Gleiche – eine Begegnung mit dem Tod verändert euch für immer.

DIANNA: Nun, es hat mich sehr verändert, und ich bin so dankbar dafür, dass die multidimensionale Kommunikation immer stärker zu einem Teil meiner Arbeit wird. Ich hoffe, dass unsere Gespräche über diese Themen die Menschen dazu inspirieren, sich mehr zu öffnen. Wie würdet ihr das formulieren?

Mehr Offenheit für etwas, das vielleicht zunächst wie eine beängstigende Art der Kommunikation wirkt?

DIE Z: Was das angeht, möchten wir gerne auf etwas zurückkommen, das wir in diesem und im vorangegangenen Gespräch schon mehrmals gesagt haben: All die Informationen und Botschaften sind die ganze Zeit um euch herum gegenwärtig, doch ihr nehmt sie nicht unbedingt wahr. Würdet ihr durch ein Mikroskop in dieses Zimmer schauen, in dem ihr euch hier gerade aufhaltet, wäret ihr schockiert, was ihr alles sehen würdet, das ihr mit bloßem Auge nicht erkennt.

Jeder, der in den letzten zwei Jahrzehnten mit Lee oder durch Lee mit uns zu tun hatte, wird ihn darüber lachen gehört haben, wie oft wir zu den Leuten sagten, dass Sterben sehr leicht ist. Es ist sehr leicht, als menschliches Wesen zu sterben. Und wir wissen, dass das für einige von euch beängstigend oder morbide klingt. Dennoch sagen wir es so oft, und wir ermutigen Lee, darüber zu sprechen, wenn er einen spirituellen Vortrag hält, weil es euch daran erinnert, in der Gegenwart zu leben.

Viele vergessen, dass man nie weiß, an welchem Tag man sterben wird. Wenn bei Menschen plötzlich eine unheilbare Krankheit diagnostiziert wird – wenn ihnen gesagt wird, dass sie nicht mehr lange zu leben haben, egal ob es nur noch ein paar Tage oder ein paar Jahre sind –, dann verändert sie das.

Es verändert die Art und Weise, wie sie ihre Prioritäten setzen.

Es verändert die Art und Weise, wie sie sich mit dem Leben und mit anderen Menschen auseinandersetzen.

Sie werden plötzlich sehr … ratet mal – *präsent.*

Und das ist es, worüber wir vorhin sprachen: dass ihr euch als Menschheit auf dem Planeten Erde auf den Weg macht, präsenter zu werden, mehr in der Gegenwart zu leben. Für viele von euch ist das so neu, dass sie es täglich bewusst trainieren müssen.

Das Geschenk der Erkenntnis, dass ihr jederzeit sterben könnt, besteht darin, euch selbst bewusst zu gestatten, die meiste Zeit über durch und durch lebendig zu sein.

Aber wenn ihr euch in den Kopf gesetzt habt, dass ihr noch mindestens vierzig Jahre lang leben werdet und es in den nächsten zwei, drei Jahren darum geht, Karriere zu machen oder eine Familie zu gründen, und dass nacheinander X, Y und Z eintreten werden, dann nehmt all diese ja durchaus schönen Pläne, Visionen und Träume besser nicht *zu* ernst. Denkt immer daran, hauptsächlich in der Gegenwart zu leben. Ihr wisst nie, welche Wendungen das Leben nehmen wird.

Und allzu oft baut ihr eure Zukunft auf der Vergangenheit auf, auf alten Ideen, die ihr von anderen übernommen habt, oder auf alten eigenen Träumen, die ihr nicht aktualisiert und an eure sich verändernde Gegenwart angepasst habt. Es gibt etwas, das für alle menschlichen Wesen gilt: Mit dem Älterwerden verändert ihr euch und entwickelt euch weiter. Daher solltet ihr eure Visionen und Träume immer wieder aktualisieren.

Besonders kraftvoll und stark lebt ihr dann, wenn ihr euch immer wieder ins Gedächtnis ruft, dass eure jetzige menschliche Identität *in jedem Fall* endlich ist. Ihr hattet diese Identität in keinem eurer früheren Seelenleben, selbst wenn ihr schon viele, viele Male auf der Erde inkarniert wart. Den Menschen, der ihr jetzt seid, gibt es nur ein einziges Mal. Wenn ihr diesen Körper und dieses Leben physisch verlasst, werdet ihr nie wieder dieser Mensch sein. Deshalb sagen wir euch …

Genießt so weit wie möglich die Erfahrung, jetzt lebendig zu sein. Sagt den Menschen, was ihr ihnen zu sagen habt. Zeigt ihnen, was ihr ihnen zeigen wollt und sollt. Lebt so, dass ihr euer Dasein mit so viel Licht wie nur irgend möglich erfüllt.

Uns ist bewusst, dass es in eurem Leben Einschränkungen gibt – Einschränkungen, die vielleicht eure individuelle Situation betreffen oder mit eurem Wohnort zusammenhängen oder mit der Kultur, in der ihr lebt. Aber innerhalb dieser Einschränkungen, innerhalb der Grenzen des Menschseins und der Zugehörigkeit zu einer bestimmten Kultur oder der Rolle, in der ihr euch gegenwärtig befindet, gibt es in eurem Herzen immer ein Licht und immer Frieden. Und dieses Licht und dieser Frieden sind euch jederzeit zugänglich. Das können ganz einfache Augenblicke sein. Vielleicht seht ihr einen Schmetterling vorbeifliegen und erkennt in ihm das Göttliche.

»Lebt!« Das ist immer unsere Botschaft, wenn wir euch daran erinnern, dass ihr sehr leicht sterben könnt und dass ihr diese vorprogrammierten Exit Points habt. Vielen von euch – vor allem denjenigen, die in ständiger Furcht vor dem Tod leben – kann die Erkenntnis, dass es im Laufe eures Lebens mitunter bis zu hundert dieser Exit Points gibt, ein wenig die Angst nehmen. Ihr müsst nur einmal wirklich bewusst darüber nachdenken. Es bedeutet, dass ihr die meiste Zeit dem Tod ohnehin viel näher seid, als ihr gemeinhin denkt. Und es wird in eurem Leben nur einen einzigen Tag geben, an dem ihr einen dieser Exit Points tatsächlich als Ausgang benutzt und hinübergeht.

Wenn dieser Tag kommt, wird es der Tag sein, der sich für euch und die Menschen, die ihr zurücklasst, am besten eignet, auch wenn er trotzdem mit einiger Trauer verbunden sein wird. Wenn ihr nicht mehr da seid, werden sie darüber trauern, wie sehr sie euch geliebt haben, und sie werden erkennen, wie einflussreich und wichtig ihr für ihr Leben wart. Die Lücke, die ihr hinterlasst, wird den Menschen dies klar und deutlich vor Augen führen. Und das ist das Schöne an der Trauer. Sie ist eigentlich eine Würdigung der gegenseitigen Liebe und des Raumes, den jemand im Leben eines anderen ausgefüllt hat.

Wir verstehen zwar, dass Trauer oft ein schmerzhafter und schwieriger Prozess ist, aber sie erkennt auch die Macht einer Seele auf der Erde an. Sie ist ein tiefes Anerkennen, wie diese Seele das Leben anderer beeinflusst hat, und eine Reflexion darüber, wie die Abwesenheit eines geliebten Menschen die anderen verändert zurücklässt. Und diese Anerkennung weckt in den Hinterbliebenen, die einen geliebten Menschen verloren haben, ein hohes Maß an spirituellem Bewusstsein. Auch wenn diese Erkenntnis zunächst schmerzhaft ist, so scheint darin doch die Macht der erleuchteten Seele auf.

Deshalb ergibt der Anblick eines toten Körpers für die meisten von euch keinen Sinn. Das, was ihr da seht, ist ohne Leben. Ihr seht nicht mehr das Wesen, das ihr früher kanntet und das diesen Körper bewohnte, denn die Seele ist das Entscheidende. Sie ist es, die einem Körper Leben verleiht.

Diejenigen, die glauben, es gäbe nur den Körper und keine Seele als eigenständige Entität, übersehen, wodurch dieser Körper eigentlich belebt wird – die Farbe, die die Seele dem Körper verleiht, und die von ihr ausgehende Einzigartigkeit. Wenn also die Seele den Körper verlässt, bleibt von dem Menschen, an den ihr euch erinnert, nicht viel übrig – nur eine äußere Repräsentation, eine Erinnerung daran, wer dieser Mensch war. Denn die Seele hat diese materielle Struktur verlassen.

DIANNA: Es fühlt sich ganz wunderbar an, daran zu denken, welche Kraft darin liegt, als erleuchtete Seele in der Gegenwart zu leben. Danke für dieses großartige Gespräch.

DIE Z: Wir haben dir zu danken. Ihr alle werdet, wenn ihr diese Gespräche lest, vielleicht eine Harmonisierung oder Inspiration spüren. Einige von euch werden sogar eine gewisse Heilung erfahren. Womöglich wird euch auffallen, dass in eurem Geist oder euren Gefühlen etwas in Bewegung gerät. Das ist okay. Es ist eine Reaktion auf oder eine Interpretation von etwas, das ihr hier gelesen habt. Ihr reinigt euer Energiefeld oder kalibriert es neu. Das wird eurer Heilung dienen.

Und viele von euch werden bemerken, dass sie sich nun besser auf die Frequenz einstimmen können, auf der wir senden. Diese Frequenz ist ebenso eure wie unsere. Die Gespräche zwischen Dianna und uns mögen euch zwar den Zugang erleichtern, aber die Frequenz, die ihr jetzt fühlt, ist in jedem Fall eure. Wie wir schon oft gesagt haben, wird die ständige Einstimmung auf diese Frequenz sie in eurem Leben normalisieren und stabilisieren. Allerdings kann es durchaus sein, dass ihr euch noch etwas mehr anstrengen müsst, um diese Einstimmung auch dann aufrechtzuerhalten, wenn ihr euch für längere Zeit in der Nähe niedrigerer oder herausfordernderer Frequenzen aufhaltet.

Wir heben durch unsere Gespräche nur hervor, was bereits existiert. Der Menschheit bleibt es vorbehalten, im Leben jedes Einzelnen die Einstimmung auf diese Frequenz weiter voranzutreiben, so dass sie viel mehr zum alltäglichen Bestandteil dessen wird, was ihr hier auf der Erde als eure Normalität betrachtet. Und je mehr ihr das für euch selbst tut, desto mehr ladet ihr andere in diese Frequenz ein. So und nicht anders breitet sich das neue Bewusstsein aus und wächst.

Es ist immer ein Vergnügen, Zeit mit euch zu verbringen.

Gut. Frieden und Liebe für euch alle.

Achtes Gespräch

Themen

- Wie Lee, Dianna und die Z zusammenarbeiten, um diese Dialoge zu ermöglichen.
- Die Natur der Engel.
- Die Verbindung zwischen den Z und Sirius.
- Wie die Z mit Dianna kommunizieren.
- Was geschieht, wenn Lee diese Gespräche channelt.
- Überlegungen der Z zu den bisherigen Gesprächen.

DIANNA: Willkommen zurück zu unseren gemeinsamen Gesprächen. Heute schauen wir mit den Z »hinter die Kulissen«. Seid mir willkommen, ihr Lieben.

DIE Z: Willkommen, Dianna.

DIANNA: Für unser heutiges Gespräch stelle ich mir vor, dass es Spaß machen wird, mehr über unsere Zusammenarbeit zu erzählen. Zunächst möchte ich eine der Herausforderungen erläutern, vor der ich bei der Auswahl der Fragen stehe, die ich euch stelle. Diese Herausforderung besteht darin, meine eigene Neugier mit dem in Einklang zu bringen, was meiner Meinung nach für die Mehrheit der Leserinnen und Leser von Nutzen ist.

Zum Beispiel sagtest du, Zachary, in unserem ersten Gespräch, dass du eines von achtundachtzig Wesen bist und dass einige von euch schon einmal auf der Erde inkarniert waren. Wäre ich damals allein meiner Neugier gefolgt, hätte ich dich gebeten, mir zu sagen, woher jedes der achtundachtzig Wesen, aus denen die Z bestehen, stammt, welche von ihnen schon einmal auf der Erde inkarniert waren und ob eines von ihnen jemals ein historisch berühmter Mensch war, der vielleicht ein Leben als Pythagoras oder Alexander der Große oder Mozart führte. Ich habe grob gerechnet, dass das etwa zehn Stunden Gesprächszeit gewesen wären, also habe ich mich zurückgehalten! Trotzdem habe ich noch eine Frage, die ich euch diesbezüglich gerne stellen würde: Ihr habt doch gesagt, dass einige von euch Z aus den »Reichen der Engel« stammen. Könnt ihr uns erklären, was die Engelreiche sind?

DIE Z: Ja, aber wie du selbst gerade angedeutet hast, als es um deine Frage nach dem Ursprung aller unserer achtundachtzig Teile ging, könnte die Beantwortung auch dieser Frage viele Stunden in Anspruch nehmen. Wir werden uns also auf einen groben Überblick beschränken, denn bei den Engelreichen gibt es – wie bei vielen anderen Reichen und Gruppen von Wesen oder Entitäten auf und außerhalb der Erde – viele verschiedene Untergruppen. Zum Beispiel haben einige von euch Engel als ihre geistigen Führer. Sie zeichnen sich dadurch aus, dass sie mit euch kommunizieren, manchmal auch durch Worte. Dabei werden sie sich euch gegenüber eher wie »liebevolle Erzieher oder Eltern« verhalten als andere Engelwesen.

Lees Engelteam channelt bei Bedarf andere Engelgruppen und verbindet sich mit ihnen. Zwei aus diesem Team sind Mitglieder unserer achtundachtzigköpfigen Gruppe, aber sie stehen bei Bedarf auch in Kontakt zu zwölf anderen Engeln. Die beiden halten sich stets in Lees Nähe auf. Der eine kümmert sich vor allem um Lees Körper und seine physische Gesundheit, während der andere auf Lees emotionales Wohlbefinden achtet.

Die beiden sind Teil unserer Gruppe namens »die Z« (übrigens waren es Lees menschliche Zuhörer, die den Namen »die Z« als Kurzform für Zacharys Gruppe erfanden). Aber auch andere Menschen auf der Erde haben das, was man als »lehrende und kommunikative Engel« bezeichnen könnte – Engel, die eine Art Elternrolle oder geistige Führung übernehmen. Aufgrund der Art und Weise, wie Lees Führungsteam organisiert ist, erfüllen seine Engel bestimmte entscheidende Aufgaben, ohne die Lee nicht das tun könnte oder dürfte, was er heute tut.

Einer der Engel kümmert sich um das Gleichgewicht von Lees körperlicher Gesundheit, und das kann beinhalten, dass Lee auf bestimmte Menschen, bestimmte Nahrungsergänzungsmittel und bestimmte Bedürfnisse, die er auf der Erde hat, aufmerksam gemacht wird. Dieser Engel kann ihm helfen, den richtigen Arzt oder Heilpraktiker oder die richtige Art von Nahrungsergänzung zu finden, die ihm zum richtigen Zeitpunkt guttut. Wenn ein Freund ihm eine Geschichte erzählt, die für seine körperliche Gesundheit wichtig ist, wird dieser Engel Lees Bewusstheit schärfen. Er wird seinen Körper ein wenig alarmieren, so dass er plötzlich die Ohren spitzt und zum Beispiel einer Geschichte über Magnesiumpräparate Aufmerksamkeit widmet.

Irgendetwas an der Geschichte über das Magnesiumpräparat erregt seine Aufmerksamkeit, zumindest denkt er das. In Wahrheit hat sein Engel Lees Aufmerksamkeit »angehoben«, sein Energieniveau so gesteigert, dass er eine Engelsbotschaft über die Erhöhung des Magnesiumgehalts in seinem Körper empfängt, weil es das ist, was Lee gerade braucht.

Emotionales Wohlbefinden ist die Aufgabe von Lees anderem Engel. Dieser Engel ist sich Lees Bedürfnis nach emotionalem Wohlbefinden bewusst, das für viele von euch, die das hier lesen, sehr wichtig ist. Emotionales Wohlbefinden steht ganz oben auf eurer Prioritätenliste. Das soll nicht heißen, dass das nicht für alle Menschen gelten sollte, aber bei einigen hängt ihre Sensibilität sehr stark von ihrem emotionalen Gleichgewicht ab, und Lee ist einer von ihnen. Sein Engel für emotionales Wohlbefinden arbeitet nicht nur daran, Lees Energie möglichst schnell wieder ins Gleichgewicht zu bringen. Er sorgt außerdem dafür, dass Lees Aufmerksamkeit und Bewusstheit angeregt und sein Energiefeld gestärkt werden, damit er immer dann einen »Geistesblitz« hat, wenn er einem bestimmten Thema folgen, einen bestimmten Freund anrufen oder auf eine bestimmte Weise um Hilfe bitten oder eine Aktivität ausführen muss, die ihn beruhigt. Ihr Menschen interpretiert diese Momente der Erleuchtung oder Bewusstheit oft so, als kämen sie aus eurem Verstand, eurem Herzen oder eurem Instinkt, doch in Wahrheit werdet ihr meist von einem Engel angestupst.

Nun, es gibt verschiedene Ebenen und Rollen innerhalb der Reiche der Engel, und jeder Mensch auf der Erde wird Zugang zu dem Engelreich haben, das seinem individuellen Weg entspricht. Dennoch ist es etwas ungewöhnlich, dass Lees Führungsteam aus achtundachtzig Wesen besteht, denn die meisten Menschen auf der Erde haben kein so großes Team, weil das normalerweise nicht nötig ist. Bei Lee ist es aber so, dass sein Team auch »sendet«. Ein Teil von Lees Rolle auf der Erde besteht darin, eine Brücke für andere zu sein und ihnen zu helfen, ihre spirituelle Verbundenheit zu den Engeln und anderen spirituellen Reichen zu stärken. Die Organisation seines Führungsteams ist deshalb recht spezifisch.

Um unsere Leser als Beispiel zu nehmen: Die meisten von euch haben vielleicht neun bis zwölf Geistführer um sich herum, und davon sind wahrscheinlich drei Engel. Zwei dieser Engel haben ähnliche Aufgaben wie die, die wir gerade bei Lee beschrieben haben, doch euer dritter Engel ist vielleicht ein wenig mehr wie Zachary – also ich, der Sprecher der Z. Er ist eine starke Präsenz, die euch Botschaften und Worte »ins Ohr flüstert«, und übernimmt eher die Führungsrolle.

Lee hat einen klaren Zugang zu seinem Team von Geistführern (uns), das für ihn eine sehr große Rolle spielt. Er braucht aber keinen Führungsengel oder einen Engel aus der Ebene, die ihr vielleicht »die höheren Dienstgrade« nennen würdet. Wir mögen diesen Ausdruck auch nicht. Auf der Erde herrscht die Vorstellung, dass man, wenn man einen höheren Rang einnimmt, jemandem überlegen ist, der einen niedrigeren Rang einnimmt, und das ist eigentlich überhaupt nicht der Fall. Ihr werdet alle gebraucht. Jeder einzelne Mensch, der seine Rolle spielt, ermöglicht es jedem anderen, seine Rolle zu spielen. Lange Zeit spukte die Idee der egoistischen Überlegenheit in den Köpfen der Menschen herum und schränkte ihr Potenzial ein, ein heikles Thema, und oft ist das heute noch so. Wir wollen damit sagen, dass Engel einfach verschiedene Aufgabenfelder haben. Es gibt Engel, deren Aufgabe es ist, ein wenig mehr als Mentoren, Führer und manchmal auch verbal in eurem Leben präsent zu sein. Und dann gibt es andere Engel, die auf rein energetische Weise arbeiten.

Es ist ähnlich wie mit eurem Freundeskreis. Es gibt in eurem Leben einige Freunde, bei denen ihr euch körperlich sicher fühlt, weil sie großen Wert darauf legen, Sicherheit auf der körperlichen Ebene zu gewährleisten. Ihre engelhafte Prägung zeigt sich in ihrer Persönlichkeit. Und dann gibt es Freunde, die ihr gerne um Rat bittet, die aber nicht unbedingt diejenigen sind, mit denen ihr gerne einen ausgelassenen, fröhlichen Urlaub verbringen würdet. Genauso sind auch die Mitglieder der Engelreiche von ihrem Wesen her alle sehr verschieden und vielschichtig.

Ihr alle seid stets von Engeln begleitet, die speziell euch zugeteilt sind und mit euch zusammenarbeiten.

Einige von euch haben mehr Engel als andere, aber die meisten Menschen auf der Erde werden von nicht mehr als vier Engeln begleitet, mit Ausnahme jener Menschen, deren Aufgabe es ist, mit großen Gruppen von Engelwesen zu kommunizieren. Und von Letzteren üben viele eine öffentliche Aufgabe aus und berichten vor vielen Menschen über ihre Verbindung zu den Engeln. Das bedeutet nicht, dass sie etwas Besonderes sind, sie haben nur einfach so viel Engelbewusstsein und Verbundenheit zu den Engeln, weil es ihre Aufgabe ist, dieses Wissen öffentlich an möglichst viele Menschen weiterzugeben. Damit bereiten sie den Boden für weitere Engelkontakte auf dem Planeten, so wie Lee mit seiner Arbeit anderen Menschen hilft, ihre eigene Verbindung zur Geistigen Welt zu entwickeln. Sie müssen nicht selbst mit uns, der Gruppe Z, verbunden sein. Wir helfen ihnen nur dabei, ihre Verbindung zu ihren eigenen geistigen Führern zu entdecken und zu stärken. Beantwortet das deine Frage?

DIANNA: Ja, aber ich möchte noch einen Schritt weiter gehen. Die Engelhierarchie, von der ihr sprecht (und mir ist bewusst, dass »Hierarchie« nicht das ideale Wort dafür ist), gehören dazu auch die auf der Erde als Seraphim, Cherubim, Throne, Erzengel und so weiter bekannten Wesen?

DIE Z: Diese Einteilungen, die du erwähnst, sind nicht falsch und helfen den Menschen, die Engelreiche zu verstehen. Aber es besteht dabei die Tendenz, einen großen Teil der Engelenergie auszublenden. Wir möchten hier klarstellen: Erstens handelt es sich bei einem großen Teil eures Wissens über die Engel um jahrhundertealte Überlieferungen. Vieles davon ist auch weiterhin richtig, doch inzwischen hat die Präsenz der Engel auf der Erde deutlich zugenommen, besonders in den letzten hundert Jahren. Sie ist stärker geworden. Bei euch ist oft davon die Rede, dass es auf eurem Planeten heute eine höhere Schwingung gibt, mehr Licht und Bewusstheit. Das, was die Menschen da wahrnehmen, ist eigentlich eine enorme Zunahme der Präsenz von Engelwesen. Inzwischen sind immer mehr von ihnen in der Lage, viel näher an der Erde zu inkarnieren als je zuvor. Die Hierarchie, die du beschreibst und die in vielen Büchern und Lehren dargelegt wird, existiert also. Aber wir möchten eure Aufmerksamkeit lieber darauf lenken, dass der Engel gar nicht so sehr vom Menschen getrennt ist. Mit anderen Worten …

In den letzten hundert Jahren hat auf der Erde eine »Verschmelzung« zwischen Menschen und Engeln stattgefunden.

Das mag einigen von euch seltsam erscheinen. Sie würden argumentieren, dass ihr euch gerade in einer sehr turbulenten Phase eurer Geschichte befindet, in der die Dunkelheit wieder ihr Haupt zu erheben scheint. Aber eben das ist der Grund, warum die Energie der Engel auf der Erde stärker geworden ist. In den letzten hundert Jahren hat sich ein neuer Bereich engelhaften Seins gebildet, als Ergebnis der Verbindung zwischen Mensch und Engel. Und der Kanal für diese Verschmelzung von Mensch und Engel ist kristalline Energie.

Es gibt heute viele Menschen, die, wie ihr zweifellos wisst, eine sehr starke engelhafte Präsenz haben. Doch viele von ihnen haben eine Abneigung gegen diesen Planeten, den sie erst überwinden müssen. Sie müssen ihre Abneigung gegen die Dunkelheit, ihre Probleme mit der Gewalt und dem Mangel an Harmonie überwinden, denn die engelhafte Natur unterstützt und *fördert* nicht nur die Harmonie, sie *ist* Harmonie.

Wenn Engel ihren Sinn für Harmonie verlieren, sterben sie. Die Gestalt, die sie angenommen haben, die ja (wie ihr wisst) nicht physisch ist, stirbt ab. Aber so wie die Seele eines Menschen viele Inkarnationen durchlaufen kann, können sich auch Engelseelen im Laufe der Zeit verändern und wandeln. Was ihr jetzt auf der Erde seit etwa hundert Jahren und besonders seit Beginn des 21. Jahrhunderts erlebt, ist, dass sich immer mehr Partnerschaften zwischen Engeln und Menschen bilden. Das ist der

Grund, warum derzeit so viele eurer sensiblen Menschenseelen – und insbesondere junge sensible Seelen – den Planeten verlassen. Viele von ihnen entscheiden sich dafür, ihr Leben zu beenden, oder stellen fest, dass ihr Leben plötzlich auf dramatische oder schwierige Weise zu Ende geht, und das verursacht eine Welle der Verzweiflung in eurem Volk, wenn ihr Zeuge dieses Geschehens werdet. Viele dieser sensiblen Seelen sind buchstäblich zu sensibel für diese Welt, aber sie sind der Beginn einer neuen Phase, die wir »die Ära der menschlichen Engel« nennen.

Wenn ihr das lest, könnt ihr vielleicht keinen Bezug zu euch selbst herstellen und denkt: »Na, das ist doch eine wundervolle Sache, oder? Wie schön, dass jetzt mehr Engel auf die Erde kommen.« Ihr vergesst, dass ihr alle Engelenergie in euch tragt, die euch jederzeit zur Verfügung steht, und die menschlichen Engel, von denen wir sprechen, sind eher das Ergebnis einer Verschmelzung. Die kristalline Energie auf der Erde beginnt, eine Verschmelzung zwischen Mensch und Engel zu ermöglichen – eine engere Beziehung. Und sie sind oft jene, die euch den Weg weisen, wenn es um Freundlichkeit, Friedfertigkeit und Sensibilität geht. Viele von ihnen sind künstlerisch veranlagt, und die meisten von ihnen sind sehr introvertiert.

Das heißt nicht, dass es nicht auch extrovertierte Menschen gibt, aber äußerste Extrovertiertheit bedeutet, dass jemand nicht in der Lage ist, in seiner inneren Welt zu leben.

Dennoch ist Extrovertiertheit sehr wichtig. Einige der größten Extrovertierten haben gesellschaftlich äußerst prägende Rollen auf dem Planeten gespielt. Wir sagen also keineswegs, dass extrovertierte Menschen »weniger wert« sind.

Von den introvertierten neuen Engelmenschen, die jüngst geboren wurden, sind derzeit wenige älter als vierundzwanzig oder fünfundzwanzig, und am verletzlichsten sind diese Seelen in der zweiten Hälfte ihrer Teenagerjahre. Das ist die Zeit, in der sie sich wirklich damit auseinandersetzen, was diese Welt ist und wie sie aufgebaut ist, und sie fühlen sich dadurch entfremdet. Viele von ihnen überstehen diese Phase nicht, denn noch gibt es auf der Erde nicht genug Engelbewusstsein. Wie wir schon sagten, setzen viele dieser Teenager ihrem Leben ein Ende, weil sie mit der Energie ihrer Rolle nicht zurechtkommen. Wir verstehen, welche Tragödie das für die Hinterbliebenen bedeutet, und wir ehren das. Der Kummer muss gefühlt werden.

Doch es war immer klar, dass dieses neue Mensch-Engel-Paradigma für viele schwer zu bewältigen sein würde. Deshalb wurden für dieses Unterfangen mehr Seelen als nötig ausgewählt. Es ist wie beim Paarungsspiel zwischen Menschen: Nur einem Spermium gelingt es, das Ei zu befruchten, die anderen schaffen es nicht. Die engelgleichen menschlichen Seelen müssen in ganz ähnlicher Weise energetisch bergauf schwimmen, aber immer mehr von ihnen schaffen es jetzt. Und zum Ende des Jahrzehnts, in dem wir dieses Gespräch führen – also bis 2030 –, werdet ihr feststellen, dass es immer weniger Probleme mit diesen neuen Engel-Menschen geben wird.

Wir wollten deine Frage keineswegs abtun, Dianna, und wir wissen es zu schätzen, dass du die Aufmerksamkeit des Publikums darauf lenkst. Wenn ihr euch für die Hierarchie der Engel interessiert, wie sie schon seit einiger Zeit bekannt ist, dann recherchiert ruhig, was dazu bereits veröffentlicht wurde. Aber uns geht es vor allem darum, und durch deine Frage gibst du uns Gelegenheit, darüber zu sprechen, eure Aufmerksamkeit auf diese, wenn ihr so wollt, neue Art von menschlichen Engeln zu lenken, die gerade in immer größerer Zahl auf eure Welt kommen. Der Grund, warum wir dem ersten Band dieser Gespräche den Titel *Die Energetik der neuen menschlichen Seele* gaben, ist, dass wir bisher genau darüber gesprochen haben. Wir sprechen über die neue Version der Menschheit auf diesem Planeten in diesem Jahrhundert. Und ein

Aspekt davon sind die menschlichen Engel, die mehr als jemals zuvor durch die kristalline Energie verschmolzen sind.

Ihr werdet mehr menschliche Engel auf dem Planeten haben als je zuvor in der Geschichte der Erde, und sie sind sehr wichtig, um für euch eine neue Zeit größerer Sensibilität und Friedfertigkeit einzuläuten. Das bedeutet nicht, dass sie die einzigen Architekten dieser neuen Zeit sein werden, aber sie werden eine sehr wichtige Rolle spielen. Während ihr euch von einem Paradigma, das viel hierarchischer ist, zu einem Paradigma bewegt, das mehr auf Einssein und Verbundenheit beruht, werden diese Engel-Menschen die Botschafter für Herzenergie, Sensibilität und, was noch wichtiger ist, für die Gleichheit aller Lebewesen sein.

Viele von euch wissen, wer diese jungen menschlichen Engel in ihrem Leben sind. Wenn ihr unsere Worte lest, haben einige von euch sofort Visionen von jungen Menschen, die ihr kennt. Unterstützt sie, so gut ihr könnt. Seid für sie da, vor allem, wenn sie zwischen vierzehn und zwanzig Jahre alt sind.

In diesen verletzlichen Jahren versuchen viele dieser jungen, offenen Seelen, mit einer Welt klarzukommen, in der es scheinbar keinen Platz für ihre Offenheit gibt.

DIANNA: Dabei kommt mir sofort ein Buch von Dolores Cannon in den Sinn, das ich sehr gerne gelesen habe: *Die drei Wellen der Freiwilligen und die neue Erde*. Sie ist 2014 hinübergegangen, aber sie hat als Hypnotherapeutin wirklich erstaunliche Arbeit geleistet und Tausende von Fällen untersucht, in denen Menschen sich an frühere Leben erinnerten und viele interessante Aspekte berichteten. Ich empfehle das Buch sehr, und ich habe den Eindruck, dass es sich um diese jungen Leute handelt, die ihr hier beschreibt. Dolores bezeichnete sie als die »dritte Welle«, die gekommen ist, um genau das zu tun, was ihr eben geschildert habt, junge Menschen, die in gewisser Weise sehr zerbrechlich und kristallin sind. Es war also eine interessante Parallele, euch das sagen zu hören. Nun, abgesehen davon möchte ich …

DIE Z: Dürfen wir etwas einschieben?

DIANNA: Ja, bitte.

DIE Z: Wir freuen uns über deine Anmerkung, denn sie gibt uns Gelegenheit, kurz über Dolores Cannon zu sprechen. Das ist gut für diejenigen, die versuchen, ihre eigene Rolle in der Welt zu verstehen, und sich damit schwertun. Energetisch gesehen war sie eine Trägerin dessen, was viele von euch als Herrscher-Energie verstehen würden. Sie spielte in früheren Leben die Rolle eines Imperators. Sie befehligte Armeen und war in einigen dieser Leben ein ziemlich harter Machtmensch.

Es ist wichtig für euch zu verstehen, dass diese von Härte und Gewalt geprägten Inkarnationen es Dolores ermöglichten, in diesem Leben Licht, Liebe und Verständnis auf dem Planeten zu verbreiten. Dazu war es notwendig, dass sie in früheren Leben eine solch herausgehobene Machtposition innehatte. Diese Erfahrungen verliehen ihr die Stärke und Selbstsicherheit, die sie als Botschafterin für ein Wissen benötigte, das der vorherrschenden Meinung radikal zuwiderlief, in einer Zeit, in der dieses Wissen nicht unbedingt von allen begrüßt wurde. Im schlimmsten Fall wurde es verspottet und die Menschen, die es verbreiteten, trafen auf starke Ablehnung.

Wir möchten euch deutlich machen, dass gerade Dolores' Fähigkeit, »Härte« zu zeigen, es ihr ermöglichte, so viel Liebe und Licht in eure Welt zu bringen. Wenn sie in anderen Leben nicht diese Härte entwickelt hätte, die man braucht, um sich an der Spitze der Machtpyramide zu behaupten, wäre sie niemals in der Lage gewesen, die psychischen, energetischen und emotionalen Angriffe durchzustehen, denen sie zeit ihres Lebens so oft ausgesetzt war. Das, wofür sie in ihrem jüngsten Leben stand, empfanden manche Menschen als sehr herausfordernd und polarisierend, und dabei war sie eine der großen Wegbereiterinnen eurer Zeit. Man muss nicht mit allem einverstanden sein, was sie schrieb, aber sie hat ihr ganzes Leben – und ihr Werk spricht für sich selbst – der Aufgabe gewidmet, die spirituelle Öffnung dieses Planeten voranzubringen. Dafür stand sie und hat ganz Hervorragendes geleistet.

Ging es ihr um die Heilung der eigenen menschlichen Persönlichkeit? Natürlich. Sie hatte ihre menschlichen Lektionen zu lernen in Bezug auf Traurigkeit, Isolation und das Gefühl, auf dem Planeten oft allein zu sein, aber das ist für diejenigen, die eine Herrscherrolle spielen, nicht ungewöhnlich. Und die meisten von euch haben die Herrscherrolle in diesem Leben, in anderen Leben oder in künftigen Leben bereits kennengelernt und ausgeübt oder werden sie noch ausüben. Wir erwähnen das nur, um euch zu helfen, eure Rollen zu verstehen.

Wir wissen, dass Personen des öffentlichen Lebens, berühmte Persönlichkeiten, Menschen, deren Namen ihr alle kennt, schon immer viel Aufmerksamkeit und den Fokus auf sich gezogen haben. Und bis jetzt war das in der hierarchischen Gesellschaft, in der ihr lebt, auch nützlich und nachvollziehbar. Aber in Zukunft kann *jeder* als berühmt angesehen werden.

In der Tat seid ihr selbst der berühmteste Mensch in eurem Leben. Und wisst ihr, warum? Weil ihr der Einzige seid, der eure Lebensgeschichte von Anfang bis Ende kennen wird.

Das heißt nicht, dass andere Menschen euch nicht erleben und eine Vorstellung von euch haben werden, aber ihr solltet euch selbst als den wichtigsten Menschen in eurem Leben betrachten. Denn was eure seelische Lernerfahrung angeht, seid ihr immer der wichtigste Mensch in eurem Leben.

Damit meinen wir nicht, dass ihr andere herabsetzen oder euch selbst lächerlich aufplustern sollt – das wäre ein unsinniger Kult um die eigene Person. Nein, wir bitten euch einfach, euch anzuschauen, was diese Frau, Dolores Cannon, geleistet hat, womit sie es auf der menschlichen Ebene zu tun hatte, und dann euch selbst ebenfalls in diesem Licht zu sehen.

Es gibt Dinge, die ihr in eurem Leben tut, die ihr in eurem Leben tun müsst, bei denen es um weit mehr als nur dieses Leben geht. Sie beruhen nicht allein auf den Samen eurer früheren Leben, sondern auch auf den Samen der Kulturgeschichte.

Daher wissen wir es zu schätzen, Dianna, dass du den Fokus auf diese jungen, offenen Seelen und ihre tiefe Empfindsamkeit lenkst, womit, wie du ganz richtig bemerkt hast, Dolores sich in ihren Werken und Vorträgen ausführlich beschäftigte.

Und denen unter euch, denen die Tragödie dieser engelhaften Seelen, die sich das Leben genommen haben, zu Herzen geht und denen, in deren persönlichem Umfeld der Verlust eines solchen hochsensiblen jungen Menschen zu beklagen ist, sagen wir: Trauert unbedingt um sie. Wir ermutigen euch, das zu tun. Es ist wichtig. Es ist ein Teil des Prozesses. Aber versteht die größere Dynamik, die hier im Spiel ist, und nutzt eure Trauer als Ansporn, euch zu fragen: »Welche anderen jungen Menschen kenne ich, die vielleicht in einer ähnlichen Situation wie der Verstorbene sind? Und was könnte ich tun, um ihnen ihren Weg zu erleichtern? Welche Hilfe kann ich anbieten?« Es mag sein, dass ihr nichts tun könnt, außer eure Trauer als Impuls zu nutzen, um euer zukünftiges Verhalten, eure zukünftigen Handlungen zu ändern – und das kann eine sehr machtvolle Kraft für positiven Wandel sein.

Das ist es, was euch die Trauer lehren kann. Sie kann euch lehren, die Gegenwart und die Zukunft auf neue Weise zu erleben und in Zukunft anders zu handeln, weil ihr euch bewusst seid, was ihr verloren habt.

Wenn ihr einen Verlust erleidet, gibt euch das Gelegenheit, euch einzugestehen, was dieser Verlust für euch bedeutet, und euch zu überlegen, ob ihr euer Leben in Zukunft nicht anders gestalten wollt.

DIANNA: Ich danke euch. Die Arbeit von Dolores Cannon war sehr inspirierend für mich, und ich ermutige andere Menschen immer gerne, sich ebenfalls mit ihrem Werk zu beschäftigen. Auf eine Sache möchte ich aber noch kurz zurückkommen, bevor wir das Thema der Engelreiche verlassen.

Ihr habt gesagt, dass ein Engel absterben kann, wenn er seinen Sinn für Harmonie verliert. Was meint ihr mit »absterben«? Kehren sie, energetisch gesehen, zu ihrer eigenen Seelenform zurück, so wie wir Menschen, wenn wir sterben?

DIE Z: Denke an die Raupe und den Schmetterling, zwei aus eurer Sicht völlig unterschiedliche Wesen, und doch weißt du, dass sie tief miteinander verbunden sind. Wie Raupen, die sich in

Schmetterlinge verwandeln, gibt es bestimmte Seelen, die in die Engelwelt aufsteigen werden, wenn entschieden wird, dass sie in der Lage sind, diese Frequenzebene zu erreichen.

Das ist übrigens nicht für jeden etwas. Es ist nicht unbedingt das Ziel, in das Reich der Engel zu gelangen.

Auch hier zeigt sich das hierarchische Denken auf der Erde, denn die Hierarchie, die von eurer Religion bezüglich der Engel gelehrt wurde, hat nicht unbedingt geholfen, die Gleichheit aller Wesen zu verstehen, wenn es um die Seelenreiche geht. Ihr könnt als Seele für eine kurze Zeit in die Engelwelt aufsteigen, was nach irdischen Begriffen durchaus eintausend Jahre währen kann, oder ihr könnt dort für Hunderttausende von Jahren bleiben, wenn dies eurer Aufgabe und eurem Tun entspricht.

Es gibt allerdings auch diejenigen, die am Ende ihrer Zeit im Engelreich in etwas anderes übergehen. Wir hätten fast das Wort »sterben« benutzt, aber wir meinen damit nicht unbedingt den Tod im Sinne eines Endes. Es ist eher eine Transformation, eine tiefgehende Umwandlung.

Wir werden versuchen, es euch an einem Beispiel zu erklären: Es gibt derzeit einige Engel, die ihre alte Rolle aufgeben, da nun immer mehr menschliche Engel auf der Erde geboren werden. Es wird also künftig weniger Bedarf an nichtmenschlichen Engeln bestehen. Wir sagen nicht, dass es sie nicht mehr geben wird – sie werden weiterhin da sein.

Aber da nun immer mehr Engel auf der Erde geboren werden, muss sich auch die »alte Garde« der Engel verändern und transformieren, denn im Universum befindet sich alles immer in Bewegung und Transformation. So werden einige aus dem Engelreich ausscheiden, und sie werden in vielen Fällen die Erdumlaufbahn verlassen und sich in andere Bereiche des Universums begeben, wo dann etwas andere Rollen auf sie warten – weil die Engelenergie dort nicht so sehr gebraucht wird.

Die Energie der Engel ist etwas für die Erde sehr Spezifisches. Sie bildet den Bereich, in dem die Menschen mit Liebe, Heilung und Einssein in Kontakt kommen können.

Aus irdischer Sicht kann man die Engelenergie als das Fenster betrachten, durch das ihr Heilung, Unterstützung, Liebe und Einheit erfahren könnt. Der Engel wird zum Fenster, durch das ein Mensch mit jeder dieser Frequenzen Verbindung aufnehmen kann.

Die Vorstellung, dass Engel nach einer gewissen Zeit eine Art Examen ablegen und dann in eine »höhere Liga« befördert werden können, gehört zu den, sagen wir mal, etwas komplizierteren Dingen, mit denen die Menschen sich befassen sollten.

Wir möchten es euch folgendermaßen nahebringen: Viele von euch werden sich mit der Vorstellung trösten, dass der Mensch Dianna und der Mensch Lee hier sitzen und sich unterhalten und dass es achtundachtzig eindeutig identifizierbare Wesen gibt, mit denen sie sich unterhalten und für die ich der alleinige Sprecher bin. Aber natürlich ist das nicht ganz so. Dianna selbst ist tausend Dinge, und Lee selbst ist tausend Dinge. Und obwohl wir, die Z, uns als ein Cluster aus achtundachtzig Wesen formen, haben wir Zugang zu Tausenden anderen Wesen.

Die unendliche Natur von allem, was ist, kann für den Verstand des Menschen etwas schwer zu begreifen sein. Und deshalb wird euch auf der Erde immer nur so viel Wissen vermittelt, wie ihr verarbeiten könnt. Für die meisten Menschen würde es keinen Sinn machen, plötzlich die Karte des Universums zu sehen und wie es heute aufgebaut ist – und zwar nicht, weil sie nicht intelligent genug wären, es zu begreifen. Der Grund ist, dass es ihre Vorstellung von dem Seinszustand, in dem sie sich gegenwärtig befinden, völlig ausradieren würde. Das wäre zum jetzigen

Zeitpunkt nicht sinnvoll. Aber Teile dieses Wissens, Teile dieser Landkarte kennenzulernen, ist für euch *höchst* sinnvoll, denn es ermöglicht, dass ihr euch ausdehnen und weiterentwickeln könnt, ohne euch zu vernichten oder auszulöschen.

Zusammenfassend lässt sich sagen, dass es bei den Engelwesen tatsächlich sehr viele gibt, die nach etlichen Tausenden oder sogar Hunderttausenden von Jahren ihr »Examen« machen, bei dem dann entschieden wird, dass der nächste Schritt in der Evolution *ihrer* Seele darin besteht, sich in ein Wesen zu verwandeln, das eine andere Rolle, eine andere Gestalt hat.

DIANNA: Das ist wirklich faszinierend. Ich danke euch, dass ihr das mit uns teilt. Es bietet uns viel Stoff zum Nachdenken, vor allem, weil wir alle mit bestimmten Wahrnehmungen aufgewachsen sind. Meine Neugier führt mich jetzt aber in eine andere Richtung, und ich hoffe, ihr habt Geduld mit mir, denn das betrifft speziell dich, Zachary. Du sagtest, dass die Z eine Verbindung zum Sirius haben. Ich frage mich, ob das ein Stern, ein Planet oder eine größere Konstellation ist und was es bedeutet, vom Sirius zu kommen oder mit ihm verbunden zu sein.

DIE Z: Das ist wirklich eine sehr gute Frage. Unsere Antwort darauf lautet (jedenfalls ist das unsere Wahrheit), dass Sirius aus unserer Sicht eine Konstellation ist, obwohl die meisten auf der Erde ihn als Stern betrachten würden, und das ist nicht falsch. Aber der Fokuspunkt eines Sterns ist weit mehr als ein Stern, wenn ihr versteht, was wir gerade gesagt haben.

Hierzu möchten wir euch das eine oder andere etwas näher erläutern: Sirius und die Erde sind schon seit langem miteinander verbunden, wenn es um Licht, höhere Dimensionen und insbesondere um das Dritte Auge und Telepathie geht. Ein großer Teil der Sirius-Energie wurde im alten Ägypten gesät. Und von dort aus hat sie sich auf viele verschiedene Arten über den Globus verbreitet, zum Teil durch bestimmte Historiker und Energiearbeiter, aber auch aufgrund von Artefakten, die Sirius-Energie in sich tragen und an verschiedene Orte auf dem Planeten gebracht wurden. Es gab eine Zeit, in der eine starke Verbindung zwischen Sirius und dem alten Ägypten bestand. Das war, bevor ein galaktischer Krieg die Verbindung zwischen Sirius und der Erde unterbrach. Doch das ist eine eigene Abfolge von Ereignissen, die mit eurer – ziemlich komplexen – alten galaktischen Geschichte zu tun hat.

Um es möglichst einfach zu beschreiben, könnte man sagen, dass Sirius schon sehr lange ein Bestandteil der Erde ist und eine wichtige Rolle für sie spielt. Die sirianische Energie wurde auf diesem Planeten ausgesät – schon vor langer Zeit. Aber sie liegt jetzt gewissermaßen im Erdreich begraben. Wenn man sich die kristalline Energie und das Kristallgitter innerhalb der Erde anschaut, so laufen sirianische Codes durch sie hindurch. Diese Codes unterstützen in hohem Maß die Entwicklung der Telepathie und eure Fähigkeit, mit dem Dritten Auge zu sehen, was bedeutet, in die Zukunft schauen und mitschöpferisch mit der Zukunft arbeiten zu können, um höhere Energielinien und Zeitlinien für die Zukunft aufzubauen. Dass *wir* – vor allem ich, Zachary – eine so starke Verbindung zum Sirius haben, ist darauf zurückzuführen, dass es jedes Mal, wenn wir euch eine Botschaft senden oder mit Lee sprechen, eine Linie gibt, die von uns zum Sirius und von dort hinunter auf die Erde zu Lee verläuft.

Ihr begegnet also der Sirius-Energie, wenn ihr diese Botschaft lest. Es ist nicht hundertprozentig reine Sirius-Energie. Es ist eine Mischung. Wenn ihr jedoch eine Zahl oder einen Prozentsatz haben wollt, können wir sagen, dass zwischen 10 und 30 Prozent der Energie, die in diesen Übertragungen, in unseren Gesprächen, vermittelt wird, Energie vom Sirius ist. Und das ist der Grund, warum so viele von euch spüren, wie sich ihr Drittes

Auge öffnet, wenn ihr diese Gespräche lest. Das löst einen Dominoeffekt aus: Ihr werdet intuitiver, weil ihr einen Stern anzapft, zu dessen Merkmalen es gehört, dass er bei euch Telepathie, höheres Bewusstsein, das Dritte Auge und – das sollte euch nicht überraschen – die Kommunikation aktiviert und stärkt. Sirius übt auf eurem Planeten einen starken Einfluss auf die Kommunikation aus. Auch fördert er harmonische Klänge. Eure Vögel und anderen Tiere stehen – wenn sie singen oder rufen, also ihre Töne erzeugen – häufig in Resonanz und Verbindung zu anderen Planeten, anderen Sternen. Und Sirius ist einer davon.

Es gibt eine harmonische Klangübertragung zwischen Sirius und der Erde, die sich in einem Großteil eurer Musik und in einem Großteil der von der Natur und ihren Geschöpfen erzeugten Klänge zeigt. Es ist für uns immer wieder interessant, dass so viele von euch außerirdische Lebensformen als »Aliens« betrachten, als Fremde, denn wenn ihr eure Stellung im Universum wirklich versteht, erkennt ihr, dass ihr von nichts getrennt seid. Nichts ist euch wirklich fremd. Es ist nur so, dass euch diese anderen Planeten oder Lebensformen noch nicht klar und deutlich, also in ihrer physischen Form, gezeigt wurden. Und in der Tat gibt es auf eurem Planeten Machtgruppen, die hart daran gearbeitet haben, sie vor euch Menschen zu verbergen.

Wir sprechen in einer Zeit zu euch, in der ein großer Teil dieses Schleiers der Geheimhaltung immer mehr zerfällt, und die meisten von euch werden noch im Laufe dieses Lebens eindeutige Informationen über ihre galaktischen Verbindungen empfangen. Sirius erwähnen wir besonders, weil er einen hohen Anteil an der spezifischen Frequenz hat, die durch uns und durch Lee zu euch kommt. Unsere Gespräche schwingen in dieser Frequenz, und so verbinden sich auch die Leserinnen und Leser mit der Sirius-Energie. Wer dieses Buch zur Hand genommen hat, steht damit in Resonanz. Ich selbst lebe nicht mehr auf Sirius, aber ich stamme von dort. Ich wurde im Energiefeld des Sirius geformt und geschmiedet.

DIANNA: Ich habe gelesen, dass die Sirianer Wächter der Erde sind. Ist das richtig?

DIE Z: Ja, aber nicht wir allein. Acht verschiedene Gruppen widmen sich der Aufgabe, die Erde zu behüten, und wir Sirianer sind eine davon.

DIANNA: Sollen wir uns die Beschäftigung mit den anderen sieben Gruppen für unser Gespräch über die galaktische Geschichte aufheben, das wir später noch führen werden?

DIE Z: Das wäre besser, denn wenn wir jetzt darüber sprächen – nicht nur die Namen der anderen Gruppen nennen, sondern auch die Gründe erläutern würden, warum sie diese Aufgabe als Hüter übernahmen –, begäben wir uns auf schwieriges Terrain, für das wir uns gesondert Zeit nehmen sollten. Aber etwas können wir jetzt schon sagen: Wir sind Hüter der Erde, und ihr, die Leserinnen und Leser, seid es auch.

Unsere Fähigkeit, Hüter der Erde zu sein, ist nicht größer oder geringer als die Fähigkeit jedes menschlichen Individuums, ein Hüter der Erde zu sein, sobald dieser Mensch erwacht ist und seinen eigenen Stellenwert – und ebenso den der Erde und der Menschheit – im Universum erkannt hat.

DIANNA: Ich weiß es sehr zu schätzen, dass ihr uns daran erinnert, denn wir neigen dazu, unsere Macht an jene abzugeben, die wir für höhere Wesen halten. Und da ist es für uns ein Trost zu wissen, dass wir alle, die wir zu dieser Zeit auf der Erde leben, die Hüter dieses Planeten sind.

DIE Z: Die Erde ist auch für uns ein Zuhause. Obwohl viele von uns schon physisch als Menschen inkarniert waren, ist es für euch sehr einfach, uns oder die Wesen vom Sirius als »anders« zu betrachten, weil wir derzeit nicht körperlich inkarniert sind. Und doch ist für uns alle das ganze Universum unser Zuhause. Das bedeutet nicht, dass Nachbarn immer gut miteinander auskommen. Ebenso wenig bedeutet das, dass es keine Kämpfe zwischen Gruppen oder Planeten gibt. Es gibt sie, so wie ihr es ja auch auf der Erde erlebt. Doch sobald ihr die Erde verlasst, ist die harmonische Frequenz des Universums viel stärker, als viele von euch es sich haben einreden lassen.

Es gibt also Kriege zwischen Planeten, und den galaktischen Krieg gibt es ebenfalls. Das ist eine Tatsache. Aber viele von euch halten die Situation für sehr viel beängstigender und dunkler, als sie in Wahrheit ist. Und das liegt daran, dass es bei euch mächtige Gruppen gibt, die euch mit solchen dunklen Geschichten Angst machen und euch dazu bringen wollen, die Kriege auf eurem eigenen Planeten für gerechtfertigt zu halten.

Einfach aufgrund der Art und Weise, wie der menschliche Verstand programmiert wurde, neigt ihr dazu, euch glauben machen zu lassen, wir müssten euch vor einer bösen Macht beschützen – allein durch die Bezeichnung »Hüter der Erde«.

Dabei gibt es außerhalb der Erde nichts, wovor ihr euch mehr fürchten müsstet als vor einigen der schwierigsten Energien auf eurem eigenen Planeten.

Außerdem ist eure Erde schon lange sehr galaktisch. Aber diese Tatsache wurde den meisten von euch bewusst verheimlicht.

DIANNA: Danke. Es war äußerst wichtig für uns, dass ihr dieses Thema behandelt habt, und sicher werden wir später noch Gelegenheit haben, ausführlicher darauf einzugehen. Doch nun möchte ich einen Blick hinter die Kulissen unserer Gespräche werfen, um auf einige Fragen einzugehen, die mir im Zusammenhang mit meiner Arbeit mit euch gestellt wurden. Eine davon lautet: »Wie kommunizieren sie denn mit dir? Wie fühlt es sich an? Ist es genauso wie bei Lee?«

Meine Erfahrung ist, dass ich das Gefühl habe, ihr würdet mir gegenübersitzen – wir sind einfach Freunde, die an einem Tisch sitzen und sich miteinander unterhalten. Das ist die Energie, die ich spüre. Ich spüre euch nicht in meinem Kopf, ich spüre nicht, dass ihr euch um mich schart, sondern ich habe das Gefühl, dass ihr mir sozusagen am Tisch gegenübersitzt.

Diese Dynamik verschiebt sich nur ein wenig spät in der Nacht. Ich weiß nicht, ob ihr davon etwas mitbekommt – ich habe dich nie danach gefragt, Zachary –, aber es ist so, dass ich nachts meist zwischen 3 und 5 oder 6 Uhr aufstehe und eine Menge Arbeit erledige. Inzwischen versuche ich nicht länger, von diesem Muster wegzukommen, sondern akzeptiere es einfach. Und wie ihr schon sagtet, machen das viele andere Menschen auch: Wir passen unser Leben dem an, was funktioniert. Und manchmal denke ich nachts, wenn ich arbeite, vor allem an Ideen für unsere Gespräche: »Welches Thema sollen wir uns als Nächstes vornehmen? Wie lässt sich dieser oder jener Aspekt auf kreative Weise erklären?« Ich lasse mir die Ideen durch den Kopf gehen. Und ab und zu, nur so zum Spaß, sage ich: »Z, gefällt euch diese Richtung?« Ich habe das Gefühl, dass ihr dann Ja oder Nein sagt und mir ein kleines Feedback gebt. Seid das wirklich ihr, oder ist es mein Höheres Selbst?

Könnt ihr mir etwas darüber erzählen, wie ihr unsere Zusammenarbeit aus eurer Perspektive erlebt?

DIE Z: Nun, wir erreichen dich durch dein Höheres Selbst. Du hast dein eigenes Führungsteam, von denen viele hoch medial sind, weil das Teil der Rolle ist, die du in diesem Leben zu spielen beschlossen hast. Du hattest dich dafür entschieden, wieder auf der Erde zu inkarnieren und dabei offen für Medialität zu sein, während andererseits vieles in deinem Leben nach außen hin recht traditionell oder »normal« wirkt. Du hast eingewilligt, eine Hüterin der Weisheit zu sein und zur spirituellen Öffnung und Entfaltung der heutigen Menschheit beizutragen. Deshalb bist du schon dein Leben lang so sehr daran interessiert, das Reich der Medialität zu erforschen – nicht unbedingt, um mediale Fähigkeiten und die Kontaktaufnahme selbst zu erlernen, sondern um zu beobachten. Du schaust dir gerne an, was es dort draußen alles gibt, und liest bei dem, was dir begegnet, zwischen den Zeilen. Immer wieder fragst du dich: »Wie denkt der aktuelle kulturelle Mainstream über dieses Thema? Welche Informationen finden sich dazu in den Massenmedien?«

Wir erreichen dich über dein persönliches Führungsteam. Zu diesem Team gehört jemand, den wir als »das Orakel« bezeichnen. Wir nennen den Namen dieses Geistführers nicht, denn das ist deine Privatsache, aber durch deinen Orakelführer kannst du kommunizieren, wenn du zu Wesen außerhalb deiner selbst Verbindung aufnehmen möchtest. Dazu zählen auch die Seelen von Verstorbenen, Geisterkinder oder andere nicht-physische Wesen, denen du begegnest. Nachts können wir dich besser erreichen, denn bei euch ist die Seele dann offener, und zwar nicht nur wegen der physischen Wirkung der Nachstunden an sich, sondern weil die Welt um euch herum dann schläft und ihr daher viele eurer Rollen ablegen könnt.

Die meisten von euch, die ihr das hier lest, spielen täglich zwischen acht und sechzehn Rollen. Diese Rollen können die der *Mutter*, *Freundin*, *Tochter*, *Beraterin*, *Angestellten* sein – es gibt so viele verschiedene Rollen, die euch ausmachen. Und obwohl es in all euren Rollen stets einen roten Faden gibt, verlangt jede Rolle etwas anderes von euch: Sie erfordert eine andere Art der Interaktion, oft mit unterschiedlichen Menschen in den einzelnen Bereichen eures Lebens. Zur Nachtzeit könnt ihr den Großteil dieser Rollen ablegen, obwohl du, Dianna, wie viele andere auch, zur Nachtzeit die Ereignisse des Tages innerhalb deiner Rollen noch einmal Revue passieren lässt, um Lösungen für Probleme zu finden. Vielleicht ist tagsüber auf der Arbeit etwas passiert, das dich ein wenig belastet hat. Nachts gelingt es dir dann besser, die damit verbundenen Energien in den Griff zu bekommen.

Aber ja, es stimmt, dass wir euch nachts besser erreichen können, weil ihr dann weniger mit euren menschlichen Rollen beschäftigt seid. Wenn die Welt um euch herum schläft und niemand eure Energie, Anwesenheit oder Zeit braucht, könnt ihr viel besser und direkter auf der Ebene eurer Seele kommunizieren. Du hast also Recht: Immer, wenn du an unserem Gesprächsprojekt arbeitest, kannst du Verbindung zu uns aufnehmen. Wir werden nie allzu weit weg sein, wenn du uns brauchst.

Und dein inneres Orakel ist sozusagen der Telefonist, der deinen Anruf zu uns durchstellt und auf eine gute Verbindung achtet. Dieser Orakelführer wacht sehr genau darüber, was er zulässt und was nicht. Du hast durch ihn viel über Grenzen gelernt. Heute bist du in der Lage, als Therapeutin und Beraterin anderen Menschen zu vermitteln, wie man gut mit Grenzen umgeht, aber in jüngeren Jahren waren deine persönlichen Grenzen nicht so klar definiert, denn deine geistige Offenheit und angeborene Neugier bewirkten, dass du einfach in die Welt hinaus ranntest und alles erforschtest. Das trifft auf viele geistig offene, begabte Kinder zu. Und es hat einige Zeit gedauert, bis du lerntest, auf dein Orakel zu hören, wenn es zu dir sagte: »Nein, geh nicht dort hin. Geh stattdessen hier hin.«

DIANNA: Das stimmt absolut, ich danke euch. Aber jetzt habe ich noch zwei Fragen von Lesern des Buches *Die Energetik der neuen menschlichen Seele* an euch. Die erste lautet: »Kennt Dianna die Z aus einem früheren Leben? Hat sie damals schon einmal mit ihnen zusammengearbeitet?«

DIE Z: Ja und nein. Ja, weil Dianna in früheren Leben mit mehreren Mitgliedern unserer Gruppe in Verbindung stand, aber auch in diesem Leben war das schon früher der Fall. Ihr seht also, dass wir, obwohl wir als Gruppe hauptsächlich Lee zugeordnet sind, natürlich auch mit den Hunderttausenden von Menschen auf dem Planeten verbunden sind, die unsere Botschaften und unsere Frequenz für ihre eigene Entwicklung nutzen. Und dann ist da noch die nicht-verbale Energie, mit der wir den ganzen Planeten durchdringen können. Aber Dianna und Lee haben viele gemeinsame Inkarnationen hinter sich. Und so gibt es Aspekte von Diannas psychischem Selbst und ihrem energetischen Führungsteam, die Lee wiedererkannte, als ihr euch in diesem Leben begegnetet, genauso wie sie Teile seines Führungsteams erkannte, auch wenn das Erkennen zwischen den beiden zunächst nicht offenkundig war.

Zu Anfang eurer Wiederbegegnung in diesem Leben habt ihr euch natürlich auf der Ebene der menschlichen Persönlichkeit kennengelernt. Und tatsächlich bestehen bei Dianna und Lee in vielen Bereichen Gemeinsamkeiten – man könnte fast sagen, dass sie so etwas wie Zwillingsseelen sind. Doch gleichzeitig gibt es, wie bei allen Menschen, auch jede Menge Unterschiede. Es gibt Bereiche, in denen sie nicht unbedingt zusammenpassen, aber was ihre Persönlichkeit angeht, und auch ihre energetische Struktur und ihre Rollen zu diesem Zeitpunkt auf der Erde, bestehen zahlreiche Übereinstimmungen. Also ja, es gab schon verschiedene Interaktionen zwischen Dianna und mehreren Mitgliedern unserer Gruppe, aber das alles hat eher weniger mit der Vergangenheit und mehr mit der Gegenwart zu tun.

DIANNA: Habt vielen Dank. Und die zweite Frage, die eine unserer Leserinnen stellte, lautet: »Ist Dianna vor diesem Leben eine Vereinbarung eingegangen, sich mit den Z und Lee zu treffen, um diese Gespräche aufzuzeichnen?«

DIE Z: Ja, das ist sie, und das ist auch der Grund, warum sie, was sonst eher untypisch für sie ist, aktiv den Kontakt zu Lee suchte. Sie wusste nicht bewusst, dass der Kontakt und die Freundschaft, die sich daraus entwickelte, zu diesen Büchern führen würde. Dafür bedurfte es eines sanften Anstoßes durch Lee. Doch auf Seelenebene wusste Dianna das alles. Sie wusste, was auf dem Tisch lag und was möglich war.

Jeder von euch hat immer die Freiheit, das, was möglich ist, abzulehnen. Dianna hätte Nein sagen können und Lee hätte Nein sagen können. So funktioniert das.

Ihr wisst ja, dass ihr unzählige Möglichkeiten habt, mit Menschen privat und beruflich Beziehungen einzugehen und zusammenzuarbeiten. Wenn die Dinge zusammenpassen und alle Ja sagen, dann passiert es eben. Deshalb sind die Entscheidungen, die ihr trefft, auch so machtvoll. Sie verändern buchstäblich eure Zukunft, doch ebenso eure Vergangenheit.

Die Entscheidungen, die ihr heute trefft, können durchaus Ereignisse, die in eurem Leben früher geschahen, heilen, neu ordnen und ins Gleichgewicht bringen. Die Wahl, die ihr heute trefft, kann unmittelbar eure Vergangenheit heilen, selbst wenn ihr euch dessen nicht bewusst seid.

Vor diesem Leben haben Dianna und Lee eine Vereinbarung getroffen, die Gespräche mit uns zu führen, und sie haben sich in ihrer Beziehung und in ihrer gemeinsamen Arbeit gegenseitig unterstützt, um zu diesem Zeitpunkt bereit dafür zu sein, das Projekt zu verwirklichen. Es mag nicht wie ein riesiges Unterfangen erscheinen, sich hinzusetzen und Gespräche zu führen, aber die Aufzeichnung der Gespräche in Form von Audios ist der geringste Teil dieser Arbeit. Diese dann zu veröffentlichen und der Welt zugänglich zu machen, wirkt sich auf die beiden und ebenso auf alle aus, die daran beteiligt sind. Es schafft Verbindungen, inspiriert und aktiviert euch. Diese Bücher mit Gesprächen sind Welten innerhalb einer Welt. Und so erschafft ihr hier eine Energiewelt, die ihr eigenes Leben hat und ihr eigenes Leben in allen haben wird, die kommen, um ein wenig Zeit in dieser Welt zu verbringen, um ihre eigene Welt und ihre eigene Art, in der Welt zu arbeiten, zu verbessern.

Ja, es gab also eine vorherige Übereinkunft, einen Seelenvertrag, doch in diesem Leben war das den beiden anfangs gar nicht bewusst. Umso mehr freuen wir uns, berichten zu können, dass Lee während eines medialen Readings, das er Dianna schon vor längerer Zeit gab, diese Zukunft in gewisser Weise voraussah. Von seiner Mitwirkung an den vorliegenden Büchern und einigen anderen, die Dianna erschaffen würde, wusste er zu diesem Zeitpunkt allerdings noch nichts.

DIANNA: Abschließend möchte ich noch darüber sprechen, was mit uns geschieht, während wir die Gespräche aufzeichnen, auch in Bezug auf Lee. Ich gehe dabei immer sehr achtsam vor, denn Lee scheint mir in unseren Gesprächen viel tiefer zu gehen, als das der Fall ist, wenn er seine Channelings allein aufzeichnet. Auch wenn er euch in unseren privaten Gesprächen channelt, wirkt er lockerer und entspannter. Diese Gespräche hier scheinen ihm viel mehr Energie abzufordern. Ich behalte daher immer die Uhr im Auge. Lee nennt mir vorher einen Zeitpunkt im Gespräch, an dem ich mich bei euch erkundigen soll, wie es ihm geht. Er trinkt enorm viel Wasser – wir machen immer wieder Trinkpausen. Ich möchte, dass ihr den Zuhörern ein wenig von diesem Prozess erzählt, damit sie verstehen, was Lee dabei durchmacht.

DIE Z: Erstens müsst ihr verstehen – und das ist ein wichtiger Punkt –, dass sich diese Gespräche von privaten Gesprächen stark unterscheiden. Es sind *keine* Privatgespräche. Es sind öffentliche Gespräche, die erst als Audios aufgezeichnet werden, bevor die Leserinnen und Leser an ihnen teilhaben.

Aber als jemand, der sich sehr gut auf die Zukunft einstellen kann (das ist Teil von Lees Veranlagung), kann Lee, selbst wenn er sich dessen nicht ganz bewusst ist, die Auswirkungen dieser Gespräche bereits spüren, während sein Körper noch unsere Antworten channelt. Er selbst ist bei dem Vorgang gewissermaßen »blind«, denn obwohl er sich nicht in etwas befindet, was man traditionell als Trance bezeichnen würde, sitzt er (zum Beispiel gerade eben) gewissermaßen hinter uns und hört halb zu, was vor sich geht. Er versteht aber nur sehr eingeschränkt, was gesagt wird, denn wir müssen einen großen Teil seines Denkvermögens übernehmen, um euch durch ihn unsere Botschaften übermitteln zu können. Das Channeln dieser Gespräche hat also eine starke Auswirkung auf Lee.

Der andere Faktor, den wir erwähnen wollen, ist rein praktischer Natur. Lee channelt, wenn er Audios aufnimmt, nie drei Stunden lang. Ha! Er braucht immer nur etwa eine Stunde oder manchmal, bei den längsten Sitzungen, eine Stunde und zwanzig Minuten. Das ist etwas anderes als diese Gespräche mit dir, denn die kürzeren Übertragungen kommen eher aus der ätherischen Ebene. Bei den langen Gesprächen mit dir verbindet er die ätherische und die menschliche Ebene, weil du mit deinem menschlichen Geist Fragen stellst, die so gestaltet sind, dass sie einerseits ätherisch und multidimensional bleiben, andererseits aber auch geerdet sind. Deine Absicht (und das ist für diese Zusammenarbeit genau die richtige Absicht) besteht darin, vieles von dem, was wir sagen, zu erden. Deshalb fließt hier eine andere Art von Strom.

Diese Gespräche sind also anders. Sie erfordern ein bisschen mehr energetisches Auf und Ab, wohingegen, wenn Lee einfach eine einstündige Botschaft von uns channelt, diese aus einer anderen Dimension kommt. Deshalb hat das Anhören seiner kürzeren Botschaften auf viele Menschen eine sehr erhebende Wirkung. Aber *das hier* ist anders, denn es ist nicht nur erhebend, sondern es erdet euch Menschen auch.

Manchmal ist das eine besser als das andere. Und einige Hörer seiner Audios bevorzugen entweder die stärker geerdete oder die mehr ätherische Variante. Wir glauben, dass ein Gleichgewicht zwischen beidem am besten ist, denn es gibt euch allen die Möglichkeit, die Sprossen der Leiter entsprechend euren persönlichen Bedürfnissen hinauf und hinunter zu steigen. Dass Lee bei euren Gesprächen mehr Energie aufwenden muss, liegt also darin, dass sie mehr Zeit in Anspruch nehmen. Aber es liegt auch daran, dass er zwischen den Welten hin und her springen muss. Und statt unsere Energie einfach durch seinen eigenen Körper fließen zu lassen (was er tut, wenn er einfach eine Botschaft von uns channelt), muss er sie bei diesem Projekt durch seinen Körper fließen lassen *und* mit dir Tennis spielen. Denn wir müssen ja auf deine Fragen reagieren, sozusagen auf die Tennisbälle, die du uns zuspielst, so dass unser Fokus immer wieder von einem Ort zum anderen springt.

Also ja, diese Gespräche haben deutlich stärkere Auswirkungen für ihn, weil sie länger als unsere anderen Channelings dauern und weil er zwischen den Dimensionen hin und her tanzt, aber eben auch, weil sie erheblich mehr Menschen erreichen. Dadurch, dass sich so viele auf diese Gespräche einlassen, gibt es sowohl eine stärkere energetische Auswirkung auf Lee als auch insgesamt auf die Zukunft eures Lebens hier auf der Erde. Ihr alle seid Kanäle für diese Energie, was euch heute noch etwas abstrakt vorkommen mag. Und doch seid ihr von Anfang an bereits intensiv an dem energetischen Austausch beteiligt. Das ist die Wahrheit über die Zukunft dieser Gespräche, und deshalb spürt ihr auch diese Zukunftsenergie, wenn ihr an dem Projekt teilnehmt.

Wir möchten allerdings nicht unerwähnt lassen, dass das Ganze andererseits einfach die aktuelle Phase von Lees Entwicklung widerspiegelt. Ihr alle durchlauft solche Phasen, während ihr eure künstlerischen Ausdrucksformen oder euer handwerkliches Können entfaltet, neue Fertigkeiten erlernt und zur Meisterschaft entwickelt. Und Lee durchläuft jetzt mit uns eine neue Phase, die wieder einmal genau zur richtigen Zeit kommt und auf dem Fundament von allem aufbaut, was er vorher gelernt hat.

DIANNA: Ich weiß es sehr zu schätzen, dass ihr mir erklärt, welche Anstrengung diese Gespräche für ihn bedeuten. Dadurch respektiere ich ihn und seine Arbeit umso mehr. Abschließend, Zachary, würde ich gerne von dir erfahren, ob du und die Z mit dem Verlauf dieser Gespräche zufrieden sind.

Haben wir erreicht, was ihr erreichen wolltet?

DIE Z: Ha! Nun, unsere Antwort wird dir nicht gefallen. Ja, wir sind zufrieden (um dein Wort zu benutzen), und wir haben erreicht, was wir zu erreichen hofften. Und wir sagen dir jetzt, am Ende des achten Gesprächs, dass wir mit diesem Projekt gerade erst zu einem Prozent fertig sind! *[Dianna lacht.]*

Wir wussten, dass dir das nicht gefallen würde, Dianna. Für dich ist das genau wie der Witz zwischen dir und Lee (und wir hoffen, dass du nichts dagegen hast, wenn wir das verraten), bei dem er dich immer damit aufzieht, dass noch zig weitere Bücher kommen werden, und du ihm sagst, dass du gar nicht so viele machen willst. Das ist die Art und Weise, wie ihr beide euch gegenseitig damit neckt, diese Bücher ans Licht der Welt zu bringen. Und wir haben jetzt etwa ein Prozent dessen abgedeckt, was wir gerne veröffentlichen möchten.

Also, Dianna, wir wissen, dass du fleißig und hart arbeitest und dass du, wie du selbst sagst, eine Perfektionistin bist. Wir möchten nicht, dass du dich dadurch entmutigt fühlst – es ist nämlich bereits eine großartige Leistung, dass wir dieses eine Prozent fertiggestellt haben!

Und wir müssen zugeben, dass wir die Gespräche mit dir genießen. Wir stellen fest, dass sowohl du als auch Lee euch jedes Mal besser fokussiert und einschwingt. Obwohl euer Bewusstsein von Anfang an gut kalibriert war, stellen wir eine Energieverschiebung fest, die nicht nur bei euch beiden, sondern auch bei unserem gemeinsamen Publikum stattfindet. Da ihr beide Antennen für das Publikum seid, während diese Gespräche stattfinden, stellt ihr euch zwangsläufig auch intuitiv auf das Publikum und seine Bedürfnisse ein.

Wenn ihr beide bereit seid, diese Gespräche selbst dann noch fortzusetzen, wenn wir bei Nummer zwanzig oder dreißig angekommen sind, werdet ihr staunen, wohin sie euch alle führen. Jedes dieser Gespräche ist ein Kapitel in einem möglicherweise sehr umfangreichen Buch, und wie lange diese Gespräche andauern, hängt von euch beiden und gleichermaßen von den Wünschen des Publikums ab.

Und übrigens, wenn ihr morgen aufhören würdet, wäre das auch nicht schlimm. Wir wollen hier niemandem von euch ein Leistungsziel vorgeben. Doch ihr sollt wissen, dass bisher ein Prozent erreicht wurde, und wir erwarten, dass wir *mindestens* acht Prozent mit euch beiden erreichen, bevor ihr euch entscheidet, ob ihr weitermachen und den Mantel weitertragen wollt, oder ob es die Aufgabe von jemand anderem auf dem Planeten sein wird, die gleiche Energie zu vermitteln, die wir als Gruppe mit euch teilen können. Die Zeit wird es weisen, und ebenso eure Seelenverträge.

DIANNA: Die Zeit *wird* es weisen. *[Dianna lacht.]* Ich weiß nicht, was ich zu all dem sagen soll.

DIE Z: Nun, wir empfehlen dir: Ruhe dich jetzt aus, lege dich hin und atme tief durch. Ha!

DIANNA: Ich brauche ein Nickerchen, da habt ihr recht. Und ich schätze, ich werde noch mit dabei sein, wenn ich hundertzehn bin, und an unserem nächsten Gespräch arbeiten. Ich fürchte nur, dass Lee nicht ganz versteht, dass …

DIE Z: Deshalb sagt Lee immer wieder zu dir, um dich zu necken und anzuspornen, dass du weit über hundert Jahre alt werden wirst. Du hast kürzlich dein neues Lebensjahrzehnt begonnen und bist jetzt Anfang sechzig. Wir hoffen, du hast nichts dagegen, dass wir dein Alter verraten, aber wir tun das, weil es uns wichtig ist, dich wissen zu lassen, dass deine Arbeit auf persönlicher Ebene gerade erst angefangen hat.

Und das weißt du auch, Dianna. Du hast bereits ein ganzes Arbeitsleben hinter dir. Es gibt so viel, was du persönlich durchgemacht und geheilt hast, und du hast schon in zahlreichen Bereichen deines Lebens viel gegeben. Dennoch stehst du hier erst am Anfang mehrerer noch folgender Jahrzehnte, die tiefgreifend und sehr wichtig sein werden, nicht nur für dich, sondern auch für die Menschen, die eure Arbeit miterleben.

Und mit »eure Arbeit« meinen wir nicht nur eine Arbeit wie diese, sondern auch jene Arbeit, die die meisten von euch täglich leisten, ohne dass sie damit gleich Hunderte oder gar Tausende von Menschen erreichen.

Und es geschieht auch nicht grundlos, dass wir dich als Beispiel anführen, Dianna. Der Grund besteht darin, dass viele Leserinnen und Leser das Gefühl haben, sie würden vielleicht nun in eine langsamere oder gesetztere Lebensphase eintreten.

Dabei gibt es so viele von euch, die in ihrem sechsten, siebten oder sogar achten Jahrzehnt auf der Erde gerade erst anfangen, energetische Erleuchtungserfahrungen zu machen. Sie beginnen damit, Energie auf die Erde zu leiten, die ihr hier nie zuvor erlebt oder ausgesät habt. Das wird die wichtigste Zeit eures Lebens werden.

Wir sagen das nicht, um alles abzuwerten, was vorher stattfand, sondern um euch daran zu erinnern, dass es auf der Erde für euch noch viel zu erleben, auszusäen und zu tun gibt, ehe eure Entwicklung als atmende menschliche Wesen abgeschlossen ist.

Und so nehmen wir dich, Dianna, in dieser Hinsicht als Beispiel. Deshalb ist es so *wichtig*, so viele Nickerchen zu machen, wie ihr braucht, um euch an die sich ständig verändernden, turbulenten Frequenzen auf diesem Planeten anzupassen. Deshalb sagen wir immer, dass es kein Luxus ist, gut für sich selbst zu sorgen. Es ist eine Notwendigkeit. Und ihr sorgt für euch selbst, indem ihr darauf achtet, wann ihr euch ausruhen und für eine Weile abschalten müsst. Ihr seid nicht dafür gemacht, ständig spirituell »online« zu sein. Euer menschlicher, biologischer Körper kann nicht den ganzen Tag lang, an jedem Tag der Woche, mit spirituellen Frequenzen umgehen. Ihr müsst euch also von Ebbe und Flut leiten lassen und harmonisch mit den Jahreszeiten fließen. Und das gilt für jede und jeden von euch.

DIANNA: Vielen Dank für dieses Gespräch und den Blick »hinter die Kulissen«. Es hat sehr viel Freude gemacht.

DIE Z: Wie immer tat es gut, mit dir zu sprechen, Dianna, und es tat gut, sich mit dem breiten Fächer an Seelen zu verbinden, die alle diese Informationen lesen und sich dazu inspirieren lassen, ihre eigenen Energien und Fähigkeiten auf diesem Planeten zu stärken und zu vervielfachen.

Gut. Frieden und Liebe für euch alle.

Danksagung

Zunächst einmal möchte ich mich bei all denen von euch herzlich bedanken, die den ersten Band, *Die Energetik der neuen menschlichen Seele*, gelesen und genossen haben. Es war herzerwärmend zu sehen, dass das Buch so viele von euch erreicht hat und so gut angenommen wurde.

Zweitens: Ich danke dir, Dianna. Was für eine Reise wir hier miteinander gemacht haben! Ich liebe die Dualität von Stärke und Zartheit dieses Projekts sowie das neue Element, das es unserer Freundschaft hinzufügt.

Vielen Dank, Steven und Douglas, für die Unterstützung und Liebe, die ihr uns beiden schenkt, während wir dieses Projekt verwirklichen. Und vielen Dank, Douglas, für die ganz besondere Energie, die du in das Projekt einbringst.

Vielen Dank auch an die wunderbaren Mitglieder meiner Online-Community *The Portal*, die sich diese Gespräche in der Audiofassung im Vorhinein anhören konnten. Eure Begeisterung für den Inhalt hat die Veröffentlichung als Buch in vielerlei Hinsicht gefördert und unterstützt.

Vielen Dank nicht zuletzt an Anna Harris und Marti Bradley für die Transkriptionen und das erste Lektorat sowie an Kristen

Cashman für ihre sorgfältige Textredaktion, die auch dieses Buch über die Ziellinie gebracht hat.

Trent Barfield und Tracy Cunningham möchte ich meinen Dank aussprechen für die schöne Buchgestaltung und das Layout – und Jake Baca, Chris Welch und Davor Bozic für die gekonnte Erstellung und Abmischung der Audioaufnahmen, die zu den Worten in diesem Buch wurden.

Ich danke meinen Freunden und Zeitgenossen, die bereit waren, schon das erste Buch zu lesen und weiterzuempfehlen – ich spüre eure Unterstützung und bin dankbar dafür.

Vielen Dank auch an Marc Allen, Georgia Hughes, Kim Corbin und die gesamten Teams von Lee Harris Energy und New World Library. Ich danke euch *allen*, die ihr durch euren tatkräftigen Einsatz geholfen habt, diese Bücher zum Leben zu erwecken und in die Welt hinauszutragen. Es ist eine wunderbare Zusammenarbeit zwischen vielen großen Herzen, Köpfen und Talenten.

Und schließlich ein ganz besonderes Dankeschön an die achtundachtzig Geistwesen der Gruppe Z. Ich verstehe nicht immer alles völlig und sofort, was wir gemeinsam energetisch tun, aber es fühlt sich immer richtig und wie zu Hause an. Auch wenn wir das jetzt in einem größeren, öffentlichen Rahmen tun, haben sich diese Gefühle seit dem ersten Tag, an dem ich euch vor fünfundzwanzig Jahren privat hörte, nie verändert. Ein Hoch auf die unerwartete Reise, die das Leben für uns bereithält.

Liebe & Licht für alle!

Lee Harris

Lee Harris ist als Channelmedium und Musiker weltweit anerkannt. Er bietet geerdete, praktische Lehren an, die sich darauf konzentrieren, bewussten, intuitiven und sensiblen Menschen dabei zu helfen, Heilung zu erfahren und ein besseres Leben zu führen. Sein erstes gechanneltes Buch, *Energie spricht*, wurde auf Anhieb ein Bestseller, und seine intuitiven Botschaften erreichen jeden Monat Millionen von Menschen über seine kostenlosen und sehr beliebten »Energy Update«-Videos auf seinem YouTube-Kanal und seiner Website. Seine englische Mitglieder-Community *The Portal* bietet Werkzeuge und interaktive Live-Lektionen, die seine Arbeit einer weltweiten Öffentlichkeit vorstellen. Lee bietet über hundert Audios und Online-Kurse an, in denen die Z vermitteln, wie man ein von der Seele angeleitetes Leben voller Klarheit, Kraft und Optimismus führen kann. Außerdem berät er in seinem kostenlosen Podcast *Impact the World* Heiler und Unternehmer, wie sie ihre Gaben in die Welt bringen können. Seine Workshops, die rund um den Globus stattfinden, sind Abenteuerreisen zu den tiefsten Aspekten des Lebens, der Liebe und des Erwachens. Als Musiker glaubt Lee zutiefst an die heilende Kraft unserer Kreativität. Seine hochgelobten Musikalben, darunter *I Am Peace*, *Transmissions* und *Awaken*, haben es bis auf Platz 1 der iTunes und Amazon New Age Charts geschafft.

Erfahren Sie mehr unter www.leeharrisenergy.com.

Dianna Edwards ist eine Psychotherapeutin und Autorin, die Menschen hilft, durch bewusste Wahrnehmung ihre eigene Authentizität zu entdecken. Ihre Leidenschaft ist es, neue Wege zu entwickeln und zu unterstützen, wie jeder von uns seine täglichen Erfahrungen in Gelegenheiten zur Selbsterkenntnis, Ermächtigung und Weisheit umwandeln kann. Es ist ihr eine Freude, ihre Zeit und ihre Ressourcen den lokalen Gemeinschaften, in denen sie lebt, zur Verfügung zu stellen. Sie ist die Autorin der preisgekrönten US-Buchreihe *Meet Patou*, die Kindern und Erwachsenen helfen soll, einige der emotionalen Herausforderungen des Lebens zu verstehen und zu verarbeiten. Die Bücher wurden an Bildungs- und Gesundheitseinrichtungen in den USA gespendet. Um ein breiteres Publikum zu erreichen, erschienen kürzlich auf YouTube kostenlose Online-Videos zu der dreiteiligen Buchreihe. Dianna ist besonders daran interessiert, Tod und Sterben zu einem Thema zu machen, über das offen gesprochen wird. Ihre Zusammenarbeit mit Lee Harris bei *Gespräche mit den Z* entstand aus ihrem Interesse, Lee bei der Erweiterung seines unglaublichen Werks zu unterstützen, in einer Zeit, in der immer mehr Menschen sich öffnen und wissen möchten, wie sie ihr größeres, spirituelles Potenzial entdecken und entfalten können.

Weitere Informationen über Diannas Arbeit finden Sie unter www.wisdomtranscends.com.

Pavlina Klemm & Sayama
Channeln lernen unter Einbezug der 5. Herzkammer
78 Minuten geführte Übungen, Jewelcase, Booklet
€ [D/A] 19,99 • ISBN 978-3-95447-681-7

Energetischer Schutz, *Heile deine Chakren*, *Neuanbindung der Seele*, *Selbstliebe* und *Sonnenklang* – so heißen die fünf anderen Ausbildungs-Sets der SPIEGEL-Bestsellerautorin Pavlina Klemm. Alle enthalten, von ihr gesprochen, Übungen und Meditationen der Plejader zu diesen Themen sowie gechannelte Heilsymbole.

Michael Reimann & Pavlina Klemm
Kolloidales Germanium [Rife & Solfeggio]
79 Minuten Reiner Klang, Jewelcase, Anleitungen
€ [D/A] 19,99 • ISBN 978-3-95447-680-0

Bisher sind in der Reihe der Kolloidalen Elemente erschienen: *Gold*, *Silber*, *Kupfer*, *Zink*, *Platin*, *Eisen*, *Magnesium*, *Silizium* und *Germanium*. Die verwendeten Frequenzen gehen in Resonanz mit dem natürlichen Anteil dieser Elemente im menschlichen Körper – durch wundervolle Heilmusik, die Ruhe und Harmonie bringt.

Michael Reimann & Pavlina Klemm
Leber-Aktivierung [528 Hertz Solfeggio]
74 Minuten Reiner Klang, Jewelcase, Anleitungen
€ [D/A] 19,99 • ISBN 978-3-95447-498-1

Auch die Aktivierungs-CDs von Michael Reimann für *Zirbeldrüse*, *DNA*, *Chakren* und *Leber* enthalten heilsame Solfeggio-Frequenzen. Eingebettet in harmonische Kompositionen regenerieren sie wichtige Funktionen des Körpers. Die Booklets mit Meditationsanleitungen und Channelings schrieben Jeanne Ruland und Pavlina Klemm.

Sayama, der Musiker von Pavlina Klemm
Selbstheilung Nachtanwendung [528 Hertz Solfeggio]
78 Minuten Reiner Klang, Jewelcase, Anleitungen
€ [D/A] 22,– • ISBN 978-3-95447-466-0

Regeneration durch erholsamen Schlaf, energetischen Schutz und Detox mit Hilfe von Planetenklängen, Solfeggio-Frequenzen und des Sonnentons, das bietet die vorliegende CD, zu der es auch eine *Tagesanwendung* gibt. Es geht darum, belastende Energien aus den bioenergetischen Systemen des Menschen wieder zu entfernen.

Pavlina Klemm & Sayama
Lichtbotschaften von den Plejaden [Plejaden-Frequenz]
78 Minuten geführte Übungen, Jewelcase, Booklet
€ [D/A] 19,99 • ISBN 978-3-95447-574-2

Zur größten deutschen Channelbuchreihe *Lichtbotschaften von den Plejaden* der SPIEGEL-Bestsellerautorin Pavlina Klemm sind elf Übungs-Sets erschienen. Sie enthalten Meditationen und Anleitungen aus den Büchern und teils neues Material, das jedem die Möglichkeit zur Selbstbehandlung gibt, aufgeladen mit plejadischen Frequenzen.

Alle CDs auch als Download erhältlich auf www.AmraVerlag.de